Bismarck

Biographie

Dirk Müller

Ideenbrücke, 2015

ISBN 9783945909249

Inhaltsverzeichnis

Vorbemerkung – Dämon oder Überkanzler?

Verehrt, gefürchtet und gehasst: Bismarck als Reichstagsredner

Für die einen war er der größte Kanzler, den Deutschland jemals hatte, andere stilisierten ihn zum »Dämon«, der direkt oder indirekt für nahezu alles mitverantwortlich gemacht wurde, was in der deutschen Geschichte später schief ging.

Dass die Wahrheit – besser: die bestmögliche Annäherung an sie – irgendwo dazwischen liegen muss, dürfte klar sein. Wo genau, will dieses Buch seinen Lesern nicht vorschreiben. Es soll vielmehr Fakten und Deutungen liefern, die Grundlage dafür sein können, sich ein fundiertes eigenes Bild von dieser schillernden Persönlichkeit zu machen.

Paradies und Prügel: das Kind

In der Schule streng erzogen: Otto von Bismarck als etwa 11-Jähriger

Der Vater: alter Adel, die Mutter: eine Bürgerliche.

Im Deutschland des 19. Jahrhunderts ist das eine ungewöhnliche Herkunft. Sie hat Bismarck sicher geprägt, inwiefern sie seine politischen Ziele bestimmt hat, ist unklar. Sein Bruder führte mit gleichem Hintergrund ein unspektakuläres Leben. Dennoch weist auch Bismarck selbst in seinen Erinnerungen ausdrücklich auf diese Konstellation hin, im Bestreben, seinen liberalen Kritikern von vornherein ein wenig den Wind aus den Segeln zu nehmen – galt er ihnen doch zeitlebens als engstirniger preußischer Junker und adliger Reaktionär. Indessen gibt er selbst zu, dass seine Mutter von seiner Politik nicht begeistert gewesen wäre.

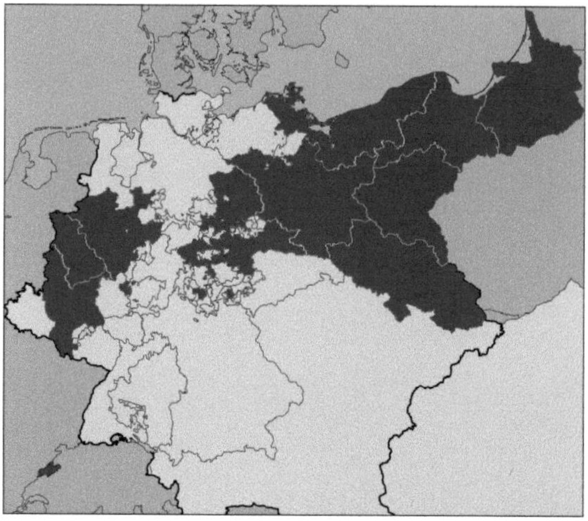

Preußen um 1815

Geboren wurde er am 1. April 1815 im Schloss Schönhausen nahe der Elbe bei Stendal in der preußischen Provinz Sachsen als Sohn des Rittmeisters Karl Wilhelm Ferdinand von Bismarck (1771–1845) und dessen Ehefrau Luise Wilhelmine, geb. Mencken (1790–1839). Die Familie Mencken hatte in der Vergangenheit Gelehrte und Beamte hervorgebracht.

1816 übersiedelte die junge Familie, ohne Gut Schönhausen aufzugeben, nach Gut Kniephof im Landkreis Naugard in Hinterpommern. Kniephof bezeichnete Bismarck später als Paradies seiner Kindheit, ein Paradies, das nicht auf Dauer währte. Im Park des Gutshofs begründete sich seine Liebe zur Natur, die ihm sein Leben lang erhalten blieb.

Verlorenes Paradies: der heruntergekommene Gutshof bei Naugard 2012 (Bild: Shrink)

Vom Vater erbte er den Stolz auf seine adlige Herkunft, darüber hinaus natürlich auch die ständischen Privilegien und die entsprechenden Güter; die Mutter gab ihm nicht nur den blendenden Intellekt mit, sondern wahrscheinlich auch den Wunsch (oder Druck), seinem Herkunftskreis, dem bodenständig-biederen Landadel, zu entkommen. Bismarck hatte es seiner Mutter zu verdanken, dass er eine Bildung genoss, die für einen Landedelmann sehr intellektuell war. Ihre Söhne sollten nicht nur »Junker« sein, sondern in den gehobenen Staatsdienst eintreten. Bismarcks Weg dahin war jedoch nicht geradlinig, wegen einer Liebesaffäre wäre er beinahe nie Politiker geworden.

Im Alter von sechs Jahren endete des jungen Bismarcks Kindheitsglück. Denn es begann seine schulische Ausbildung – auf Wunsch der Mutter in der preußischen Hauptstadt Berlin, und zwar in der Plamannschen Erziehungsanstalt. Dieses Internat, in das hohe Beamte ihre Söhne schickten, war ursprünglich im liberalen Geist von Johann Heinrich Pestalozzi gegründet worden. Zur Zeit Bismarcks war diese Reformphase jedoch beendet – und die Erziehung geprägt von eisernem Drill. Den Übergang erlebte das Kind als Katastrophe. Bismarck hat das später selbst deutlich gemacht. Wie ein »Zuchthaus« sei ihm die Anstalt vorgekommen, seine Kindheit habe sie ihm »verdorben«. Das sollte festgehalten werden: Ausgerechnet der »eiserne« Kanzler, eine Ikone des Preußentums, beklagt sich bitter über seine allzu strenge Erziehung!

In dieser Zeit prägte sich wahrscheinlich sein Unwillen aus, Autoritäten anzuerkennen. Allerdings waren es seiner Aussage nach auch gerade bürgerliche, adelskritische Autoritäten, die ihn drangsaliert haben sollen. Wird hier schon der spätere »weiße« (adelige) Revolutionär (Gall) vorgeprägt? Es ist zumindest nicht unwahrscheinlich.

1827 wechselte Bismarck nach Auflösung der Plamannschen Anstalt auf das Berliner Friedrich-Wilhelms-Gymnasium, ab 1830 besuchte er bis zum Abitur 1832 das bekannte humanistische Berlinische Gymnasium zum Grauen Kloster. Außer in Bezug aufs Altgriechische, das Bismarck überflüssig fand, zeigte er sich in der Schule als ausgesprochen sprachbegabt, seine Französisch- und Englischkenntnisse waren zeit seines Lebens sehr gut. Es waren die lebenden Fremdsprachen, die Sprachen der internationalen Diplomatie, die es ihm angetan hatten.

Den lutherischen Religionsunterricht erhielt er von Friedrich Schleiermacher, der den Sechzehnjährigen in der Berliner Dreifaltigkeitskirche auch konfirmierte. Einen besonderen Eindruck hat der berühmte Theologe bei Bismarck jedoch nicht hinterlassen. Er las Spinoza und David Friedrich Strauss, bezeichnete sich rückblickend eher als Deist oder Pantheist denn als konventionell gläubiger Christ. Ein Atheist war er allerdings nie, auch wenn seine Verwandten und Bekannten ihn oft dafür hielten.

Der Student und Referendar

Bismarck als junger Student in Göttingen (aus dem Gedächtnis gezeichnet von Christian Wilhelm Allers, 1893)

Eigentlich wollte Bismarck in Heidelberg studieren. Doch dagegen hatte seine Mutter etwas: Sie fürchtete, ihr Sprössling könne sich dort das grässliche Biertrinken angewöhnen. Wider einmal setzte sich die Frau Mama durch. Nach dem Abitur nahm Bismarck als Siebzehnjähriger das Studium der Rechtswissenschaften auf (1832–1835), zunächst an der Universität Göttingen (1832–1833). Die politischen Unruhen im Gefolge der Julirevolution (Hambacher Fest, Frankfurter Wachensturm) lehnte er zwar ab, ohne sich allerdings sonderlich hervorzutun. Er schloss sich nicht den damals noch oppositionellen Burschenschaften, sondern der schlagenden, konservativen Studentenverbindung Corps Hannovera Göttingen an. Er blieb zeitlebens dem Corps verbunden. Er galt als guter Fechter – so wie später mit Worten.

An den Burschenschaften kritisierte er ihre angebliche »Weigerung, Satisfaktion zu geben, ihr[en] Mangel an äußerlicher

Erziehung und an Formen der guten Gesellschaft, bei näherer Bekanntschaft auch die Extravaganzen ihrer politischen Auffassungen, die auf einem Mangel an Bildung und an Kenntnis der vorhandenen, historisch gewordenen Lebensverhältnisse beruhten«. So formuliert ein konservativer Aristokrat.

Andererseits bezeichnete er sich selbst als keineswegs nur monarchisch oder gar absolutistisch gesinnt. Kontrolle des Monarchen durch das Parlament und Pressefreiheit, so beteuert er lange Zeit später in seinen Memoiren, seien immer Bestandteil seiner politischen Vorstellungen gewesen, schon um den Einfluss von Hofschranzen und »Weibern« auf den Monarchen zu begrenzen.

Allerdings: Diese Äußerungen sind alle aus späterer Zeit überliefert. Kolb merkt an, es sei erstaunlich, dass aus dieser Studentenzeit keinerlei Zeugnisse über sein politisches Denken erhalten sind.

Geschichte und Literatur interessierten ihn, das Jurastudium allenfalls als Mittel zum Zweck. Er sagte, er studiere »Diplomatie«. Der gutgemeinte Versuch der Mutter, den Sohnemann vom Alkoholkonsum fernzuhalten, muss allen Zeugen zufolge als gescheitert angesehen werden. Völlerei wird später noch zu einem ernsthaften gesundheitlichen Problem Bismarcks werden (und bei den besiegten Franzosen nach 1871 Anlass für spitze Bemerkungen).

Der einzige akademische Lehrer, der ihn tief beeindruckte, war der Historiker Arnold Hermann Ludwig Heeren, der in seinen Vorlesungen die Funktionsweise des internationalen Staatensystems beschrieb. Man darf davon ausgehen, dass Bismarck hier tatsächlich etwas fürs Leben lernte und der Geschichtsforscher insofern die spätere Geschichte mitbestimmte.

Im November 1833 setzte Bismarck sein Studium an der Berliner Friedrich-Wilhelms-Universität fort. 1835 schloss er es mit dem Ersten Staatsexamen ab – mit mäßigen Noten, aber zum frühestmöglichen Termin.

Zunächst scheint Bismarck schnell Karriere zu machen, doch bald kommt es anders.

Er wird Auskultator beim Berliner Stadtgericht. Von morgens acht bis abends acht sei er fleißig, berichtet er einem Freund, danach begebe er sich in Gesellschaft. Er sei zudem zwar dauernd »exzessiv verliebt, wechsele aber häufig den Gegenstand« seiner Neigung. Bismarck hat außerdem Geldprobleme, seine »Alten« seien knauserig, und er hat noch Schulden aus seiner Studienzeit zu begleichen.

Auf eigenen Wunsch wechselte er vom Justiz- in den Verwaltungsdienst. Der Grund: Bismarck wollte gehört haben, dass der preußische Außenminister wenig von »ostelbischen Junkern« im diplomatischen Dienst halten solle. Um in die Verwaltung zu gehen, muss er Prüfungen bestehen. Diesmal wird der Faule fleißig: Er »schlafe nur sechs Stunden und finde große Freude am Studieren, zwei Dinge, die ich lange Zeit für unmöglich hielt«. Seine Noten sind nun deutlich besser.

Der Büroalltag eines Regierungsreferendars im damals recht mondänen Kurort Aachen füllt ihn allerdings nicht aus. Er sucht Zerstreuung; und er beginnt kostspielige Liebeleien mit englischen Ladies.

Die 17-jährige Isabella Smith verdreht ihm so sehr den Kopf, dass er nicht nur um Urlaub bittet, um der schönen Britin und ihrer Familie auf Reisen folgen zu können. Er überschreitet die Urlaubsfrist auch, und zwar gewaltig. Die Folge: Bismarck fliegt von seinem Referendarsposten.

Nicht nur das: Er macht zusätzlich durch den Besuch von Spielkasinos Schulden. Die Angebetete wird ihm unterdessen von einem Herrn mit mehr Geld abgejagt. Sein Fazit: »Arm im Beutel, krank im Herzen, kehrte ich nach Pommern heim.« Der spätere Realpolitiker, der Forderungen demokratischer Gegner schon mal als Mondscheinbetrachtungen diffamierte, begann also selbst als scheiternder Romantiker, Tunichtgut und verlorener Sohn.

Er versuchte später, seine Referendarausbildung in Potsdam fortzusetzen, das Gesuch wurde ihm gewährt, nicht ohne feine Ermahnung, nun doch zu einer »angestrengteren« Arbeitsweise zurückzufinden ... Man darf das amüsant finden, sollte sich aber vergegenwärtigen, dass einem Kandidaten aus weniger gehobenen Kreisen solche Eskapaden wahrscheinlich nicht verziehen worden wären.

Allerdings kehrte Bismarck dem Verwaltungsdienst nach einigen Monaten den Rücken. Er erklärte diesen Schritt später damit, dass er lieber »befehlen als ... gehorchen« wolle: »Ich will aber Musik machen, wie ich sie für gut erkenne, oder gar keine.« Ein anderer, ebenso wichtiger Grund: seine Schulden. Er war überzeugt, dass er vom »rein materiellen Standpunkt aus« in der Landwirtschaft mehr als in der Verwaltung erreichen könne.

Unterdessen überließ der Vater seinen Söhnen die Güter um Kniephof zur Verwaltung. Bismarck kehrte also in sein Kindheitsparadies zurück, diesmal jedoch nicht, um zu träumen, sondern um etwas materiell-praktisch zu bewegen. Der um fünf Jahre ältere Bruder Bernhard startete seine politische Karriere vor Otto, wurde Landrat und später Abgeordneter im pommerschen Provinziallandtag.

1838 leistete Bismarck als Einjährig-Freiwilliger seinen Militärdienst ab, zunächst beim Garde-Jäger-Bataillon. Im Herbst wechselte er zum Jäger-Bataillon Nr. 2 nach Greifswald in Vorpommern. 1839 starb die Mutter.

Trinkfest und erfolgreich: der Gutsverwalter

Nachdem Bernhard von Bismarck 1841 zum Landrat gewählt worden war, kam es zu einer vorläufigen Teilung. Bernhard bewirtschaftete nun Jarchlin, Otto hingegen Külz und Kniephof. Nach dem Tod des Vaters im Jahr 1845 übernahm Otto zusätzlich die Bewirtschaftung des Familienbesitzes Schönhausen bei Stendal.

Schloss Schönhausen I, zugleich Bismarcks Geburtshaus. Alte Postkarte. Das Gebäude wurde 1958 auf SED-Beschluss abgerissen.

Die Güter waren nicht sonderlich gut verwaltet worden, bevor Otto sie unter seine Fittiche nahm. Bismarck erwarb schnell gute Kenntnisse in rationaler landwirtschaftlicher Betriebsführung. In den etwa zehn Jahren, in denen er als Verwalter des elterlichen Besitzes arbeitete, gelang es ihm nicht nur, die Güter zu sanieren, sondern auch die eigenen Schulden zurückzuzahlen. Der Plan war aufgegangen. Nicht unerwähnt sollte bleiben, dass unbeschadet seines verwalterischen Geschicks diese positive Wende nicht zuletzt den treuen und gering bezahlten Landarbeitern zu verdanken war.

Bismarck gewann unterdessen an Selbstbewusstsein. Der romantische Schwerenöter war passé, nicht aber der Bonvivant. Sicherlich gefiel es ihm, sein eigener Herr zu sein, andererseits füllten ihn die landwirtschaftliche Tätigkeit und das Leben als Landjunker nicht aus. Er beschäftigte sich nebenher intensiv, wenn auch unsystematisch mit Philosophie, Kunst, Religion und Literatur. Zwischenzeitlich hielt er – wiederum erfolglos – um die Hand einer Gutsbesitzertochter an. Daraufhin unternahm er eine Studienreise nach Frankreich und England sowie in die Schweiz. Seine »Freiersfüße« seien ihm »gänzlich erfroren«, schrieb Bismarck.

Das Bestreben, in den Staatsdienst zurückzukehren, gab er 1844 auf – erneut aufgrund seines Widerwillens gegen alles Bürokratische. In diesen Jahren war er gern gesehener Gast bei vielen gesellschaftlichen Ereignissen in der Region. Im pommerschen Landadel hieß das: Jagd, noch mehr Jagd, mal eine Theateraufführung und ... ausschweifende Zechgelage. Bei den Landjunkern habe er an Ansehen hinzugewonnen, bemerkte Bismarck später süffisant, weil er dazu fähig sei, seine »Gäste mit freundlicher Kaltblütigkeit unter den Tisch zu trinken«. Solche Anekdoten und die Fähigkeit (oder der Drang), bei gesellschaftlichen Ereignissen meist im Mittelpunkt zu stehen, brachte ihm den Ruf des »tollen Bismarck« ein. Ansonsten las er viel: Goethe, Schiller, Jean Paul, Heine. Und: Landkarten.

Was er seinen Nachbarn nicht sagen konnte: Er fand die Landgesellschaft zunehmend schal und »unersprießlich«.

Johanna

Die Frau, die ihm stets den Rücken stärkte: Johanna von Bismarck, geb. von Puttkamer, 1857

Nach der letzten Frustration hatte Bismarck gesagt, er könne sich keine Frau mehr vorstellen, um die er sich bemühen würde. Doch es kam anders. Durch Moritz von Blanckenburg, einen Schulfreund aus Berlin, kam Bismarck in Kontakt mit dem pietistischen Kreis um Adolf von Thadden-Trieglaff. Blanckenburg war mit der Tochter Marie von Thadden-Trieglaff verlobt. Marie von Thadden und Bismarck fühlten sich als verwandte Seelen, aber für die junge Frau kam eine Auflösung ihrer Verlobung nicht in Frage. Ihre Liebe blieb unerfüllt, sogar unausgesprochen. Im Oktober 1844 heiratete sie Blanckenburg. Bei der Hochzeitsfeier wählte sie ihre zwanzigjährige Freundin Johanna von Puttkamer als Tischdame für Bismarck aus. Das kann durchaus aus Verkupplungsbemühung gewertet werden.

Im Sommer 1846 reisten das Ehepaar Blanckenburg, Bismarck und Johanna von Puttkamer gemeinsam in den Harz. Marie starb im Herbst 1846 nach schwerer Krankheit. Bismarck war tief erschüttert. Doch hielt er bald darauf in einem Brautbrief an Heinrich von Puttkamer um die Hand Johannas an. Der Gutsbesitzer antwortete hinhaltend. Bismarck reiste daraufhin in die Höhle der Löwen und überzeugte die Eltern Johannas in einem persönlichen Gespräch. Die Heirat fand im Jahr 1847 in Reinfeld, Landkreis Rummelsburg in Pommern, statt.

Die Kontakte zu den Pietisten brachten ihm nicht nur den Kontakt zu seiner Frau ein. Sie veränderten auch seine bis dahin sehr freidenkerische Haltung zur Religion,

wenngleich er kein Pietist wurde. Doch seit dieser Zeit spielte der Glaube an einen persönlichen Gott für Bismarck eine zentrale Rolle.

Aus der Ehe mit Johanna von Bismarck gingen drei Kinder hervor:

Marie (1848–1926), ∞ Kuno Graf zu Rantzau
Herbert (1849–1904), ∞ Marguerite Gräfin von Hoyos
Wilhelm (1852–1901), ∞ Sibylle von Arnim-Kröchlendorff

Man sieht: Bismarcks Kinder heirateten standesgemäß.

Johanna ordnete, dem noch wenig angefochtenen Ideal der Zeit entsprechend, ihre Bedürfnisse denen ihres Mannes weitgehend unter und bot ihm zugleich – wohl anders als seine Mutter – eine feste emotionale Bindung. Daran änderten auch diverse Affären Bismarcks nichts. Er hatte sich nicht getäuscht, als er sie vor der Heirat nicht nur als liebenswürdig, sondern auch als »facile à vivre« bezeichnete.

Was nicht heißt, dass er sie nicht ernst genommen hätte. Die Briefe, die die beiden austauschten, gehören nach Meinung mancher zu den Höhepunkten der Briefliteratur des 19. Jahrhunderts. Die Ehe war wahrscheinlich im Wesentlichen glücklich und jedenfalls stabil. Vor allem aber: Johanna unterstützte ihren Mann bedingungslos. Das galt auch für seine späteren politischen Fehden. Bismarcks »eisernes« Selbstbewusstsein ist somit ein Stück weit seiner Frau und ihrer getreuen Erfüllung des weiblichen Rollenbildes des 19. Jahrhunderts zuzuschreiben.

Bismarck geht in die Politik

Wie die meisten politischen Karrieren begann auch diejenige Bismarcks recht bieder auf kommunaler Ebene. In seiner Zeit auf Gut Kniephof war er Deputierter des Kreises Naugard, wurde 1845 Mitglied des Provinziallandtags von Pommern und unterstützte gelegentlich seinen Bruder bei dessen Tätigkeit als Landrat. Über seinen pietistischen Freundeskreis kam er um 1843/1844 in Kontakt zu konservativen Politikern, insbesondere zu den Brüdern Ernst Ludwig und Leopold Gerlach. Er verpachtete 1845 auch, um diese Verbindung auszubauen, den Kniephof und zog nach Schönhausen. Sein Geburtsort lag näher bei Magdeburg, dem damaligen Dienstsitz von Ludwig von Gerlach. Bismarck erhielt sein erstes öffentliches Amt 1846: Deichhauptmann in Jerichow.

Bismarck begann als Konservativer, er wollte die Vormachtstellung des landbesitzenden Adels in Preußen bewahren helfen. Er war somit, was man heute vielleicht »Besitzstandswahrer« nennen würde, aber nicht nur das: Die Konservativen lehnten den aus ihrer Sicht zu »modernen« absolutistisch-bürokratischen Staat ab und träumten von einer Wiedereinführung der Mitregierung der Stände, vor allem natürlich des Adels. Zusammen mit den Brüdern Gerlach trat Bismarck auch beispielsweise für die Bewahrung der Patrimonialgerichtsbarkeit ein. Es war eine aus dem Mittelalter stammende Tradition: Der Grundherr war zugleich auch Richter über seine Pächter. Ein immenses Privileg, das in mehreren kleineren deutschen Ländern Anfang des 19. Jh. abgeschafft wurde. In Preußen fiel es im Zuge der Revolution 1849.

Bismarck tat sich zunächst schwer, in der Politik nach vorne zu gelangen. Erst als Nachrücker im sächsischen Provinziallandtag wurde er als Vertreter der Ritterschaft der Provinz Sachsen 1847 Mitglied des Vereinigten Landtags, eines Ständeparlaments mit rund 600 Abgeordneten. Hier zog er sich gleich bei seiner ersten

Rede den Zorn der Liberalen zu: Er leugnete rundheraus, dass es bei den Befreiungskriegen gegen Napoleon auch um die Durchsetzung liberaler Reformen gegangen war. Angeblich habe die Fremdherrschaft des Franzosenkaisers ausgereicht, um die Preußen in Wallung zu bringen. Es ist fraglich, ob der zwei Jahre nach der Volkserhebung gegen Napoleon geborene Bismarck wusste, wovon er sprach. Historisch lag er jedenfalls falsch, die trügerische Hoffnung auf eine Verfassung spielte bei vielen damaligen Kriegsfreiwilligen eine Rolle. Doch Bismarck zog sich zuletzt mit einer ironischen Volte aus der Affäre: »Ich habe immer geglaubt, dass die Knechtschaft, gegen die damals gekämpft wurde, im Ausland gelegen habe; soeben bin ich belehrt, daß sie im Inland gelegen hat, und bin ganz dankbar für diese Aufklärung.«

Dass Bismarck eine Fistelstimme hatte, ist durch das Auffinden eines Tondokumentes vor kurzem ins Gedächtnis gerufen worden. Sein Redefluss war nicht selten stockend und ging mit komplizierten Satzgefügen einher. Ein Stenograf des Reichstags berichtet Jahrzehnte später, Bismarck spreche mit »einer fast frauenhaft schwachen Stimme, die, namentlich wenn er von seinen nervösen Affectionen heimgesucht wird, in jedem Satze ein bis zweimal von einem donnernden Räuspern unterbrochen wird«.

Doch ansonsten war er ein brillanter Redner, der das Repertoire von Provokation bis zu (scheinbarer) ironischer Beschwichtigung beherrschte, und zwar von Anfang an. Er spielte damals – was das Rednerische betraf – eine ähnliche Rolle wie der politisch am anderen Ende des Spektrums stehende Gregor Gysi im Deutschland nach der Wiedervereinigung: Sehr viele mochten nicht, was er sagte, aber niemand schlief bei seinen Reden ein.

Zwischen den anderen konservativen Abgeordneten, zumeist eher etwas bräsige Privilegienwahrnehmer, fiel Bismarck damit auf. Er rückte in der Fraktion nach vorne, während die liberale Presse begann, sich auf diesen dreisten Junker einzuschießen.

Der junge Bismarck und die »Judenfrage«

Eine Rede von tatsächlich historischer Bedeutung hielt Bismarck im gleichen Jahr zum Gesetzentwurf für die Judenemanzipation. Danach sollte Juden der Zugang zu öffentlichen Ämtern ermöglicht werden. Die Liberalen unterstützten das Ansinnen. Bismarck lehnte ihn als Sprecher der Konservativen ab.

Er nutzt bei seiner Rede das Mittel der Selbstironie. Seine Richtung gelte ja für mittelalterlich-finster, merkt er süffisant an, als klebten die Seinen an mit der Muttermilch eingesogenen Vorurteilen. (Die Formulierung taucht Jahrzehnte nach der Shoah in Daniel Goldhagens umstrittenem Buch »Hitlers willige Vollstrecker« wieder auf, jedoch ohne Ironie.) Bismarck nimmt die liberale Kritik rhetorisch in eigenen, übersteigernden Worten auf, um den Gegnern den Wind aus den Segeln zu nehmen. Doch auf diese Finte sattelt er ein konservatives Plädoyer, nach dem das Christentum dominieren müsse. Ein Feind der Juden sei er nicht, beteuert er, gönne ihnen alle Rechte, nur nicht dasjenige, obrigkeitliche Funktionen auszuüben. Der Gesetzentwurf scheiterte.

War der junge Bismarck ein Antisemit? Nun, wohl nicht im in dieser Zeit aufkommenden rassistischen Sinne. Ihm ging es hier, wie bei den meisten Kontroversen zu jener Zeit, in erster Linie um die Wahrung des Status quo, der althergebrachten Gesellschaft. Was neu war, war im Zweifelsfall schlecht, Bismarck bekämpfte die Judenemanzipation, wie er liberale Reformbestreben generell bekämpfte. Er war also antijüdisch im Sinne von anti-emanzipatorisch, anti-modern.

Die immer wieder empörten Reaktionen der Liberalen schienen Bismarck in seinem Konservativismus eher noch zu bestärken. Er wird geradezu zum Idealbild, wenn nicht zur Karikatur eines Reaktionärs. Und er bekennt: »Die Sache ergreift mich viel mehr als ich dachte.«

Als rechter Scharfmacher in der Märzrevolution

Bajonett-Politiker im Salon: Bismarck (rechts) und König Friedrich Wilhelm IV. 1848 (Zeichnung von Hermann Lüders)

Die Bereitschaft, vom Gegner zu lernen, beschränkt sich beim jungen Bismarck im Wesentlichen auf die Kopie von Methoden. Das zeigte sich in dem Plan, als Gegengewicht zur liberalen »Deutschen Zeitung« ein konservatives Blatt zu gründen. Nach Auflösung der Versammlung sammelt er Geld für dieses Projekt, scheitert aber zunächst.

Im März 1848 springt der revolutionäre Funke von Frankreich nach Preußen über, befeuert durch eine schlechte Wirtschaftslage mit der Verelendung von Teilen der Bevölkerung. Bismarck lehnte die Märzrevolution – wahrlich keine Überraschung – entschieden ab. Als ihn die Nachricht vom Erfolg der Bewegung in Berlin erreichte, bewaffnete er in Schönhausen die Bauern. Sein Landvolk blieb ihm treu. Bismarck ging deshalb – fälschlicherweise – davon aus, dass die revolutionäre Kraft auf die Städte beschränkt sei, und schlug vor, mit seinen Leuten nach Berlin zu ziehen. Der in Potsdam kommandierende General Karl von Prittwitz lehnte dieses Angebot jedoch ab. Bismarck reiste nach Potsdam, um die Generäle davon zu überzeugen, ohne Befehl des Königs zu einem Gegenschlag auszuholen. Kurz: Er wollte praktisch einen Militärputsch. Bismarck unterstellte nämlich, das der Regent in der Gewalt der Revolutionäre und somit praktisch entmündigt sei. Es gelang ihm nicht, die Militärs von dieser spekulativen These zu überzeugen.

Gegen sie wollte Bismarck seine Bauern marschieren lassen: junge Barrikadenkämpfer in Berlin

Im Zuge seiner Abgeordnetentätigkeit war das Königshaus auf den konservativen Heißsporn aufmerksam geworden. Das versuchte Bismarck nun auszunutzen. So bemühte er sich am König vorbei, Prinzessin Augusta, die Gattin des späteren Königs Wilhelm I., von einer Gegenrevolution zu überzeugen. Augusta wies das Ansinnen nach eigenen Angaben als intrigant und illoyal zurück. Bismarck stellte später alles anders dar, wollte angeblich nur den Aufenthaltsort des Kronprinzen erfahren, um diesen zur Reaktion zu treiben. Jedenfalls zog er sich durch sein Verhalten den dauerhaften Hass der späteren Königin zu. Nach der Anerkennung der Revolution durch Friedrich Wilhelm IV. waren Bismarcks gegenrevolutionäre Pläne vorerst gescheitert.

Interessanterweise keimt gerade in dieser aus Bismarcks Sicht katastrophalen Lage der spätere Realpolitiker auf. Während nämlich der ältere Gerlach immer noch auf kompromisslose Reaktion sann, fand sich Bismarck widerwillig mit der neuen Situation ab: »Die Vergangenheit ist begraben ...«

Damit endete Bismarcks Parlamentskarriere vorläufig. In die Frankfurter Nationalversammlung, dieses von den Revolutionären geschaffene Parlament, wollte er ohnehin nicht, und bei der preußischen Nationalversammlung rechnete sich der noch als gescheiterter Scharfmacher dastehende Bismarck kaum Chancen aus und verzichtete gleichfalls.

Dafür engagierte er sich bei der außerparlamentarischen Sammlung des konservativen Lagers. Im Sommer 1848 war er an der inhaltlichen Ausgestaltung der »Neuen Preußischen Zeitung«, besser bekannt als »Kreuzzeitung«, beteiligt. Für das Blatt schrieb er zahlreiche Beiträge, allerdings wie damals üblich anonym.

Im August 1848 war er einer der maßgeblichen Initiatoren des sogenannten Junkerparlaments. In diesem versammelten sich rund vierhundert adlige Gutsbesitzer, flankiert von einem kleinen Häuflein loyaler Bauern, um gegen den Eingriff in ihr Eigentum zu protestieren.

Von hier aus gelang es ihm erneut, Kontakt zum Hof zu gewinnen. Unterdessen begann sich der politische Wind zu drehen. In Wien wurde der Herbstaufstand niedergeschlagen, die Rechten witterten ihre Chance zum Gegenschlag – und er gelang. Gegenrevolutionäres Kabinett, Verlegung der preußischen Nationalversammlung, Kriegsrecht, Besetzung Berlins durch das Militär, erzwungene konservative Verfassung – Friedrich Wilhelm IV. war zu dieser Zeit im Grunde der bessere Realpolitiker. Er hatte schon, als er in Anerkennung der Revolutionäre die schwarzrot-goldene Armbinde getragen hatte, heimlich seinem Bruder verraten, dass er sie bei Gelegenheit wieder ablegen werde. So war es nun gekommen.

Bismarcks Aktivitäten führten unterdessen dazu, dass die konservative Clique (die »Kamarilla«) um den König den Junker nun zu schätzen begann. Seine Hoffnung, nach der Gegenrevolution im November 1848 mit einem Ministerposten belohnt zu werden, erfüllte sich jedoch nicht: Selbst in konservativen Kreisen hielt man ihn für zu extrem. Der König schrieb, als Bismarcks Name auf einer Vorschlagsliste auftauchte, als Randbemerkung: »Nur zu brauchen, wo das Bajonett schrankenlos waltet.«

Das Paulskirchenparlament erarbeitete eine fortschrittliche Verfassung, erwies sich aber als unfähig, seine hohen Ziele, allen voran die deutsche Einheit in Freiheit, zu erreichen. Der preußische König lehnte 1849 verächtlich die ihm von der Versammlung angebotene Kaiserkrone ab.

Im Januar und im Juli 1849 wurde Bismarck in die zweite Kammer des preußischen Landtages gewählt. Er beschloss in dieser Zeit, sich ganz der Politik zu widmen, und zog mit seiner Familie nach Berlin. So war er einer der ersten Berufspolitiker in Preußen. Im Parlament trat er als Sprachrohr der Ultrakonservativen auf. So verteidigte er die Ablehnung des Kaisertitels durch Friedrich Wilhelm IV.: Es stehe zu befürchten, dass Preußen in Deutschland aufgehe.

»Die Frankfurter Krone mag sehr glänzend sein, aber das Gold, welches dem Glanze Wahrheit verleiht, soll erst durch das Einschmelzen der preußischen Krone gewonnen werden, und ich habe kein Vertrauen, daß der Umguß mit der Form *dieser* Verfassung gelingen werde.«

Hier zeigt sich zum einen, dass Bismarck wie der König eine Kaiserkrone von Volkes Gnaden für absurd hielt. Zum anderen war die deutsche Frage für ihn gegenüber der Sicherung der preußischen Macht schlicht zweitrangig.

Der Weg zum Realpolitiker

Bismarck stand lange so weit rechts, dass er selbst in den eigenen Reihen in Schwierigkeiten geriet. Denn seine Leute, berichtet er, seien »conservativ, sehr, aber nicht Bismarcksch«.

Unterdessen begann Bismarck jedoch, sich als Pragmatiker zu profilieren. Die Unionspolitik von Joseph-Maria von Radowitz und dem König mit dem Ziel, die deutsche Einheit von oben zu erreichen, hielt Bismarck für unrealistisch und nicht sinnvoll. Im preußischen Parlament machte er aus seiner Kritik an den Plänen keinen Hehl und stellte sich somit trotz grundsätzlicher Loyalität in der konkreten Politik implizit auch gegen den König.

Seine Rede veränderte sein politisches Image – zum Besseren. Er galt fortan wegen seiner abwägenden und differenzierenden Argumentation auch in den eigenen Reihen nicht mehr nur als Scharfmacher und Ultrakonservativer. Bismarck empfahl sich damit erstmals für einen Posten im hohen Staatsdienst oder in der Diplomatie. Er wurde trotz seiner Kritik am Projekt einer deutschen Union zum Mitglied des Volkshauses des Erfurter Unionsparlaments.

Bismarck stand dem Parlamentarismus kritisch gegenüber: Zum einen roch er nach Demokratie. Zugleich äußerte er privat nicht ohne eine gewisse Selbstkritik, die deutsche Frage werde »überhaupt nicht in unseren Kammern, sondern in der Diplomatie und im Felde entschieden, und alles, was wir darüber schwatzen und beschließen, hat nicht mehr Wert als die Mondscheinbetrachtungen eines sentimentalen Jünglings«.

Dennoch entwickelte Bismarck sich in Erfurt zu einem der bedeutendsten Parlamentsredner der Zeit, dem auch der politische Gegner wegen seiner bilder- und pointenreichen Sprache Aufmerksamkeit schenkte. Vielleicht war es gerade Bismarcks kritische Distanz zum Parlamentsbetrieb, die ihn stärkte, weil sie Grundlage für so manche ironische und sarkastische Pointe bot.

In der Frage der Union von oben behielt Bismarck recht, sie wurde von anderen zerschossen. Das Erfurter Parlament löste sich auf.

Im Dezember 1850 übernahm Bismarck die schwierige Aufgabe, im preußischen Parlament die Olmützer Punktation zu verteidigen. Das war ein Vertrag, in dem Preußen aus Kalkül gegenüber österreichischen Interessen nachgab; preußische Nationalisten sprachen von der »Olmützer Erniedrigung«. Kriegsforderungen kamen auf. Bismarck wandte sich, anders als 16 Jahre später, gegen den Waffengang.

Bismarck schaffte es, in seiner Rede einerseits konservative Standpunkte zu vertreten, sich andererseits aber zu einer staatlichen Machtpolitik fern irgendwelcher – auch rechtskonservativer – Ideologien zu bekennen: »Die einzige gesunde Grundlage eines großen Staates, und dadurch unterscheidet er sich wesentlich von einem kleinen Staate, ist der staatliche Egoismus und nicht die Romantik, und es ist eines großen Staates nicht würdig, für eine Sache zu streiten, die nicht seinen eigenen Interessen angehört.«

Es ist für Bismarcks Denken und Handeln typisch, dass er mit »Egoismus« eine (kurzfristig) nachgiebige Haltung legitimiert. Es ist, als habe er die Heinesche Ironie, die er als lesender Bonvivant kennenlernte, in die Politik übertragen.

Und er fährt fort: »Zeigen Sie mir also, meine Herren, ein des Krieges würdiges Ziel …« Und wieder mit Kritik am Parlamentarischen, diesmal jedoch gegen nationalpreußische Kriegstreiberei: Es sei billig, meint Bismarck, in der Kammer donnernde Reden zu halten, wenn anschließend draußen der Musketier verblute.

»Es ist nichts leichter als das, aber wehe dem …, der sich in dieser Zeit nicht nach einem Grunde zu Kriegen umsieht, der auch *nach* dem Kriege noch stichhaltig ist.«

Zwar ging seine Haltung im Ergebnis konform mit seinen altkonservativen Freunden, die auch kein Interesse an einem Krieg hatten. Mit seiner Betonung der Interessenpolitik des Staates entfernte Bismarck sich indessen vom traditionellen, provinziellen Konservatismus, der als Bewegung gegen den modernen, zentralen Staat entstanden war.

Der Diplomat

Mit dieser Rede vermochte sich Bismarck nun tatsächlich für höhere Aufgaben ins Spiel zu bringen. Er hielt weiter Reden im Landtag, konnte aber auch nähere Kontakte zum Hof aufbauen. Bismarck wurde, obwohl er weder eine diplomatische Ausbildung besaß noch Spitzenbeamter war, 1851 durch Friedrich Wilhelm IV. zum preußischen Gesandten beim Bundestag in Frankfurt ernannt. Die Stellung in Frankfurt war nach seiner Einschätzung zu dieser Zeit der wichtigste Posten in der preußischen Diplomatie. Allerdings sollte er zunächst als Sekretär einige Wochen üben, bevor der die Stellung erhielt. Seine Ernennung wurde in der Öffentlichkeit als Zeichen für den Sieg der Reaktion und von manchen gar als Kapitulation Preußens gegenüber Österreich gewertet. Ersteres stimmte, Letzteres nicht. Vielmehr war die Zeit der politischen Romantik vorbei, für Bismarck ebenso wie für seine ganze Epoche. Preußen war noch nicht stark genug, um es sich mit Österreich zu verderben, zudem gab es gerade bei den Konservativen traditionelle Sympathien für das Land, das einen Metternich hervorgebracht hatte. Gerlach formulierte klar: »Hand in Hand mit Österreich.« Friedrich Wilhelm IV. glaubte, dass nur Preußen und Österreich gemeinsam »das wilde Tier grinsend im Käfig« halten können; gemeint waren natürlich Revolution und Demokratie. Bismarck war ausgewählt worden, weil er nicht nur klar antirevolutionär war, sondern auch, weil man ihm zutraute, dem Kaisertum selbstbewusst, aber zugleich diplomatisch gegenüberzutreten.

Bismarcks Äußerungen zu seinen Frankfurter Jahren sind widersprüchlich. Mal schwärmte er von der angenehmen Zeit, mal erklärte er eine bedrohliche Erkrankung durch den vielen Ärger, der sich im Laufe der Jahre in seiner Frankfurter Stellung angesammelt habe, »über all die Dinge, die ich sah, ohne sie ändern zu können«. In die Zeit fiel auch das mit Pistolen ausgeführte Duell mit dem Abgeordneten Vincke, bei dem beide unverletzt blieben.

In Frankfurt handelte Bismarck für einen Diplomaten sehr eigenständig. Er befand sich zeitweise im Gegensatz zur Berliner Regierungspolitik. Zusammen mit dem beständigen Kampf gegen das selbstbewusste Österreich, ohne das doch nichts ging, bedeutete das ungeheuren Stress. Bismarck wird in den kommenden Jahrzehnten immer wieder an psychosomatischen Krankheiten leiden. Er war ein Kämpfer, aber gewiss nicht der unerschütterliche Recke, zu dem ihn später Bildhauer im politischen Auftrag stilisierten.

Bismarck wollte sich nicht damit abfinden, dass der österreichische Ministerpräsident Felix zu Schwarzenberg Berlin in die Rolle eines Juniorpartners zu drängen versuchte. Insbesondere wollte Schwarzenberg beständig die Rechte Österreichs als Präsidialmacht ausdehnen. Bismarck ging es im Gegenteil darum, die Anerkennung Preußens als gleichberechtigte Macht durchzusetzen. So griff er Wien mehrfach scharf an und legte zeitweise sogar die Arbeit des Bundestages lahm, um die Grenzen der österreichischen Macht in Frankfurt aufzuzeigen. Er trug auch dazu bei, dass Österreichs Wunsch scheiterte, dem Deutschen Zollverein beizutreten. Wäre das gelungen, wäre Wien nicht mehr nur politisch, sondern auch wirtschaftlich zur führenden Macht avanciert – und Berlin wäre vermutlich nie deutsche Hauptstadt geworden.

Bismarck kritisierte auch die Entscheidung der preußischen Regierung im Jahr 1854 (anlässlich des Krimkrieges), das Schutz- und Trutzbündnis mit Österreich zu erneuern. Als Österreich sich danach offen gegen Russland stellte, gelang es Bismarck 1855, durch geschicktes Taktieren den Antrag der Österreicher zu vereiteln, deutsche Bundestruppen gegen Russland zu mobilisieren.

Militärisch war diese Aktion Bismarcks ohne wesentliche Bedeutung, politisch aber sehr wohl. Russland verlor den verlustreichen Krieg gegen die Türkei sowie die Westmächte England und Frankreich. Österreich hatte aus eigenen Gebietsinteressen heraus den Anschluss an die Westmächte gesucht. Nun sollten die deutschen Bundesgenossen mitziehen.

Bismarck sah hierfür kein Interesse Preußens und organisierte die Mehrheit im Bundestag dagegen. Für Österreich war das eine Blamage, für Preußen ein Triumph.

Dieser Erfolg steigerte sein diplomatisches Ansehen sehr. Nach der Niederlage Russlands plädierte er in verschiedenen Denkschriften für eine Anlehnung an das Zarenreich und bis zu einem gewissen Grad an Frankreich. Dadurch wollte er Österreich im Dualismus mit Preußen weiter schwächen. Seine Äußerungen lösten einen heftigen Konflikt mit den Hochkonservativen um die Gebrüder Gerlach aus. Diese sahen in Napoleon III. nur einen Vertreter des »revolutionären« Prinzips. Das scheint aus heutiger Sicht geradezu grotesk, zeigt aber die Prinzipienreiterei der preußischen Kamarilla um den König, von der sich Bismarck immer deutlicher absetzte. Gegen den Willen seiner früheren Förderer reiste er mehrfach nach Paris und traf auch Napoleon III., mit dem er in bestem Französisch parlieren konnte.

Das hätte ihm Gerlach am liebsten verboten. Bismarck entgegnet trocken, man könne von ihm als Diplomaten die »politische Keuschheit nicht verlangen«, die einem Landjunker anstehe.

Bismarck antwortete auf das Argument Gerlachs vom »natürlichen Feind«, dass ihm die Legitimität der Staatsoberhäupter im Grunde egal sei. Für ihn standen nicht die noch aus dem Napoleon-Hass der Befreiungskriege stammenden erzkonservativen Grundsätze, sondern die Staatsinteressen im diplomatischen Geschäft im Mittelpunkt. Es war nun der führende Vertreter der Realpolitik in Preußen. Im Lager der Konservativen galt er indessen zunehmend als Opportunist. In gewisser Weise stimmte das sogar. Aber hinter dieser neuen Wendigkeit stand für ihn immer das preußische Machtinteresse.

Dieses Machtinteresse musste sich nach Bismarcks Überzeugung zunehmend gegen Wien richten. Er argumentiert: »Wir mögen uns an die Wand drücken, wie wir wollen, ein deutsches Preußen von 17 Millionen bleibt immer zu dick, um Oestreich so viel Spielraum zu lassen, als es erstrebt. Unsere Politik hat keinen anderen Exerzierplatz als Deutschland ..., und grade diesen glaubt Oestreich dringend auch für sich zu gebrauchen; für beide ist kein Platz nach den Ansprüchen, die Oestreich macht, also können wir uns auf Dauer nicht vertragen. Wir atmen einer dem anderen die Luft vor dem Munde fort, einer muss weichen oder vom anderen ›gewichen werden‹, bis dahin müssen wir Gegner sein ...«

Aus dieser Aussage folgt nicht, dass Bismarck zu dieser Zeit bereits einen Krieg für unausweichlich hielt, denn das »müssen« ist für ihn bedingt durch die »Ansprüche« Wiens, die das Kaiserreich prinzipiell herunterschrauben könnte, wie es ja Preußen bezüglich der Punktuation auch getan hatte. Nicht immer äußerte sich Bismarck so fatalistisch wie in obigem Zitat.

Die Auseinandersetzung zwischen den Mächten ging in Frankfurt bis in ans Lächerliche grenzende Protokollfragen hinein: Der Österreicher Friedrich von Thun und Hohenstein erlaubte sich eines Tages, als Einziger im Militärausschuss des Bundestages zu rauchen. Bismarck steckte in der nächsten Sitzung demonstrativ eine Zigarre an. Anschließend zog der bayerische Gesandte nach. Zuletzt sollen sogar die Nichtraucher aus purem Prestige gequalmt haben ...

In St. Petersburg und Paris

1857 erlitt Friedrich Wilhelm IV. mehrere Schlaganfälle, so dass er regierungsunfähig war. Kronprinz Wilhelm übernahm seine Rolle. Er war 1848 der »Kartätschenprinz« und »Schlächtermeister« gewesen, der die Barrikadenkämpfer mit der Artillerie niedermachen wollte. Unterdessen hatte er sich jedoch zu einem gemäßigten Konservativen gewandelt, nicht zuletzt durch den Einfluss seiner recht liberal gesinnten Frau Augusta – diejenige, die Bismarck schon seit der Revolution nicht leiden mochte.

Nach der Übernahme der Regentschaft durch Prinz Wilhelm verloren die Hochkonservativen an Einfluss; stattdessen nahm die Macht der gemäßigt liberal-konservativen, sogenannten Wochenblattpartei zu. In der beginnenden »Neuen Ära« versuchte der wendig gewordene Bismarck, durch eine gewisse Distanzierung von den extremen Konservativen seine Position zu behaupten.

Die Erwartungen, die er mit der durchaus opportunistischen Anpassung an ein verändertes politisches Klima in Preußen verband, erfüllten sich für ihn selbst zunächst noch nicht. Im Januar 1859 wurde er als preußischer Gesandter nach Sankt Petersburg versetzt; er selbst äußerte frustriert, dass er an der Newa kaltgestellt worden sei. Besonders demütigend war, dass der österreichische Gesandte von der Versetzung vor Bismarck erfuhr! Er erkrankte, vermutlich wieder einmal psychosomatisch.

Der Wechsel fiel auch der Familie schwer; die Eheleute Bismarck hatten in Frankfurt mit seiner lieblichen Umgebung den Briefen zufolge die glücklichste Zeit ihrer Ehe erlebt.

Bismarck ließ sich jedoch nicht entmutigen. Er nutzte die Gelegenheit, um seine bisher nicht sehr internationalen diplomatischen Kenntnisse auszubauen, und erfreute sich wegen seiner bisherigen Politik des Wohlwollens des russischen Hofes, dabei spielte vor allem seine kritische Haltung gegenüber Wien eine Rolle. Auch anlässlich des Krieges Piemonts und Frankreichs gegen Österreich wandte sich Bismarck gegen pro-österreichische und antifranzösische Gefühle in Preußen. Er befürwortete Neutralität, eine Haltung, die Berlin schließlich auch einnahm.

Zwischenzeitlich erkrankte Bismarck schwer, ja lebensbedrohlich. Er wird zurück nach Berlin gebracht, Kuraufenthalte in Wiesbaden und Bad Nauheim folgen. In Baden-Baden trifft er sich mit Viktor von Unruh, einem einflussreichen Liberalen. Zu diesem Zeitpunkt setzt der rechte Flügel der Liberalen bereits Hoffnungen auf Bismarck.

In dem Kurort verfasst er auch seine bekannte Denkschrift zur deutschen Frage. Sie umfasst liberale, ja geradezu demokratische Gedanken, die dem früheren Bismarck nie zugetraut worden wären: Er empfiehlt die Einrichtung einer »nationalen Vertretung des deutschen Volkes bei der Bundes-Centralbehörde«. Auch spricht er unterdessen von einer »nationalen Mission« Preußens, also von einer Mitarbeit bei der deutschen Einigung. Er plädierte nun gar für ein Bündnis mit der national-liberalen Bewegung.

Mancher Liberale mag angesichts dieser Töne in Euphorie geraten sein. Dieser Kurswechsel ist indessen mit Vorsicht zu betrachten. Aus heutiger Sicht ist klarer, was Bismarcks eigentliche Absicht war: So ging es ihm nicht um den Kampf für die deutsche Einheit um ihrer selbst willen, vielmehr war es sein Ziel, den deutschen Nationalismus für die Stärkung der preußischen Macht auszunutzen. Das hieß konkret: Den Nationalliberalen Zugeständnisse machen, um diese starke Bewegung gegenüber dem Kontrahenten Wien auf die preußische Seite zu ziehen.

Sein Ehrgeiz richtete sich nun bereits auf die höchsten Ämter im preußischen Staat. Er beobachtete aus der Ferne genau die Entwicklung des preußischen Verfassungskonflikts. Die Hoffnung, bereits im April 1862 zum Ministerpräsidenten ernannt zu werden, erfüllte sich indessen nicht. Der König nannte ihn zu »flatterhaft«, und Augusta wollte ihn sowieso fernhalten. Stattdessen wurde er Gesandter in Paris, wo er im Palais Beauharnais residierte, später (und bis heute) Sitz der deutschen Botschaft in Frankreich. Dieser an und für sich prestigeträchtige Posten in der

»Hauptstadt des 19. Jahrhunderts« galt ihm jedoch von Beginn an nur als Warteschleife.

In diese Zeit fiel die von Johanna geduldete Liebesaffäre mit der erst 22-jährigen Fürstin Katharina Orlowa, der Ehefrau des russischen Gesandten in Belgien, Nikolai Alexejewitsch Orlow. Der »tolle Bismarck« der frühen Jahre erlebte hier noch einmal eine kurze Rückkehr – inklusive der sonst ironisch geschmähten »Mondscheinbetrachtungen« ...

Am 22. August 1862, kurz vor seiner Berufung zum Ministerpräsidenten, wäre Bismarck im mondänen französischen Badeort Biarritz mit Katharina Orlowa fast ertrunken und wurde von einem Leuchtturmwärter aus den wilden Wogen des Atlantiks gerettet. Seiner Frau schrieb er an diesem Tag nur: »Nach einigen Stunden Ruhe und Briefeschreiben nach Paris und Berlin nahm ich den zweiten Trunk Salzwasser, diesmal im Hafen, ohne Wellenschlag, mit viel Schwimmen und Tauchen, zwei Wellenbäder wären mir zu viel am Tage.« Es war die letzte private Eskapade Bismarcks. Künftig lebte er seine Risikobereitschaft nur noch in der Politik aus.

An die Spitze der Regierung: der »Vasall«

Als Politiker noch nicht von Plakaten lächeln mussten (oder durften): Bismarck um 1862

In Berlin stritten inzwischen die stärker gewordenen Liberalen gegen eine geplante Heeresreform. Die grundsätzliche Notwendigkeit einer solchen Reform wurde zwar von kaum jemandem ernsthaft in Frage gestellt. Im Verhältnis zu den anderen Großmächten war die preußische Armee seit 1815 kaum gewachsen. Auch im Vergleich mit Österreich waren die preußischen Streitkräfte deutlich schwächer. Die offiziell bestehende Wehrpflicht existierte praktisch nur noch auf dem Papier, und seit Längerem gab es Bemühungen, die Landwehr an die reguläre Armee heranzuführen. In der Sache wäre eine Einigung mit den Liberalen bei der Heeresvorlage möglich gewesen. Wilhelm I. jedoch ging es ums Prinzip; er glaubte, dass ein Nachgeben die Krone schwächen würde.

Dies bestärkte die Liberalen in ihrer Kritik, und das Abgeordnetenhaus verweigerte die für die Reform nötigen Finanzmittel. Im März 1862 wurde das Parlament aufgelöst und eine neue Regierung gebildet. Statt der gemäßigten Liberalen der Neuen Ära hatten in dieser Regierung Konservative wie der Kriegsminister Albrecht von Roon das Sagen. Dieser wollte unter anderem eine nicht weniger als dreijährige Dienstzeit, wesentlich mehr Geld fürs Militär und eine praktische Abschaffung der Landwehr zugunsten des stehenden Heeres. Für die Liberalen war das unakzeptabel.

Aus den Neuwahlen ging allerdings entgegen dem Kalkül der Regierung die neu gegründete liberale Fortschrittspartei als Sieger hervor, während die Zahl der konservativen Abgeordneten stark abnahm. Die diversen liberalen Gruppen hatten zusammen trotz des die Konservativen stetig begünstigenden Dreiklassenwahlrechts eine deutliche Mehrheit. Wilhelm I. wollte – übrigens gegen den Rat seiner Gattin und des Thronfolgers – immer noch nicht nachgeben. Er dachte in dieser aussichtslos erscheinenden Lage an den Rücktritt zu Gunsten seines Sohnes, des späteren Kaisers Friedrich III. Nach einer Auseinandersetzung mit den Ministern der Regierung, die ebenfalls mehrheitlich auf einen Kompromiss drangen, hatte der König bereits den Entwurf einer Abdankungsurkunde formuliert. Es ist allerdings umstritten, ob die Rücktrittsdrohung ernst gemeint oder nur ein Bluff war.

Roon sah nun in der Ernennung Bismarcks zum Ministerpräsidenten die einzige Möglichkeit, den Thronwechsel zugunsten des als liberal geltenden Kronprinzen zu verhindern. Mit einem Telegramm: »Periculum in mora. Dépêchez-vous!« (»Gefahr im Verzuge. Beeilen Sie sich!«) rief er Bismarck nach Berlin zurück. Nach 25 Stunden Bahnfahrt traf Bismarck am 20. September 1862 wieder in Berlin ein. Zwei Tage später wurde er von König Wilhelm I. im Schloss Babelsberg empfangen. Über Inhalt und Verlauf der Unterredung liegt nur Bismarcks Bericht vor. Bismarck gewann seinen Angaben zufolge den noch zögernden König, indem er sich als sein unbedingter Gefolgsmann gab. Er versprach die Durchsetzung der Heeresreform auch gegen das Parlament und betonte die grundlegende Bedeutung der Krise: Es gelte, um die Entscheidung zwischen »königlichem Regiment oder Parlamentsherrschaft« zu kämpfen. Um Letztere abzuwenden, befürworte er sogar »eine Periode der Diktatur«. Bismarcks Januskopf zeigt also wieder die Seite des rechten Scharfmachers.

Der König habe Bismarck, berichtet er, daraufhin gefragt, ob er bereit sei, an der Reform ohne Abstriche festzuhalten, notfalls auch gegen die Mehrheitsbeschlüsse des Abgeordnetenhauses. Als Bismarck beides bejahte, habe der König sich von seiner Entschlossenheit beeindruckt gezeigt: »Dann ist es meine Pflicht, mit Ihnen die Weiterführung des Kampfes zu versuchen und ich abdiziere nicht« (ich danke nicht ab).

Bismarcks Bericht ist wohl im Wesentlichen authentisch (was nicht für alle Teile seiner Memoiren angenommen werden kann). Der König ernannte Bismarck jedenfalls zum Ministerpräsidenten und Außenminister. Kronprinz Friedrich schreibt in sein Tagebuch: »Arme Mama, wie bitter wird gerade dieses ihres Todfeindes Ernennung sie treffen.« Der Karrierist Bismarck hingegen ist am Ziel seiner Träume.

Die liberale Presse stöhnte auf. Ein »aristokratisch-feudaler Unhold« sei da ernannt worden, der »schärfste und letzte Bolzen« der Reaktion werde mit ihm verschossen: Man setzt auf ein schnelles Ende des Alptraums Bismarck. Wie täuschte man sich in den Redaktionsstuben!

Bismarck schreibt unterdessen mit bemühter Ruhe an seine Frau, »das Leben auf dem Präsentierteller ist etwas unbehaglich«. Er weiß, dass er auch im eigenen Lager auf Vorbehalte stößt.

Das Ernennungsgespräch – wenn es sich so zugetragen hat – war indessen die Grundlage für die eigenartige Symbiose zwischen dem König (später: Kaiser) und Bismarck in den folgenden Jahrzehnten. Bismarck erreichte eine außergewöhnliche Vertrauensstellung bei Wilhelm I. und verschaffte sich eine gewisse

Blankovollmacht, indem er sich dem Monarchen quasi als mittelalterlicher »Vasall« andiente, der in der Stunde der Not kampfesmutig und in unverbrüchlicher Treue zu seinem Lehnsherrn stehen werde. Zwar kam es in den nächsten Jahren immer wieder zu Meinungsverschiedenheiten, doch dieses Grundvertrauen des Königs in Bismarck blieb. Dies zeigte sich zum Beispiel in der Vollmacht, dass seine Minister nur mit seinem Einverständnis dem Monarchen einzeln berichten dürfen.

An der Macht

Ausgerechnet am Tag von Bismarcks Ernennung lehnt das Abgeordnetenhaus mit überwältigender Mehrheit (308:11) die Bereitstellung der Gelder für die Heeresreform ab.

Was tat Bismarck? Die Diktatur einführen, wie angedeutet, wieder einmal einen Putsch planen? Weit gefehlt. Es gab tatsächlich solche Pläne, angeführt von dem Chef des Militärkabinetts, Manteuffel, doch Bismarck lehnte sie ab. Im Gegenteil, er bemühte sich um weitere Verhandlungen mit den Parlamentariern – hinter dem Rücken des Monarchen. Der »Vasall« des Ernennungsgesprächs war im Grunde auch nur eine seiner gut gespielten Rollen gewesen.

Bismarck blieb ein Konservativer, sein Leben lang, aber wurde ein zunehmend pragmatisch handelnder und nicht an Ideologien klebender Politiker – es sei denn, man bezeichnet das preußische Machtinteresse an sich als solche. Ideale, Theorien und Prinzipien waren für ihn nachrangig; was im Denken des mittlerweile ausgebufften Diplomaten vor allem zählte, waren die handfesten Interessen der Staaten.

Daraus ergab sich für ihn die Machterweiterung Preußens als wichtigstes Ziel. Aus Bismarcks Sicht war es nur möglich, den Großmachtanspruch Preußens zu bewahren, wenn dieses eine zumindest gleichwertige Stellung in Europa im Verhältnis zu Österreich bewahren – oder besser noch: die Vormacht in der Mitte Europas gewinnen konnte.

Zwischen diesen Möglichkeiten – Gleichrangigkeit oder Vormacht gegenüber Wien – pendelte Bismarcks Denken und Handeln. Wichtig war ihm, dass die übrigen europäischen Mächte seine Machtspiele zumindest duldeten, besser noch unterstützten. Darin unterscheidet er sich von einigen seiner Nachfolger: Er wusste noch um die Begrenztheit der Macht Berlins.

Um Nationalismus im Sinn des 19. und 20. Jahrhunderts ging es ihm dabei nicht, sondern um außenpolitischen Realismus. Er glaubt, dass außenpolitische Erfolge sich auf seine Innenpolitik günstig auswirken, ein Kalkül, mit dem seither Generationen von Politikern – autoritäre wie demokratische – ihr Glück versuchen. Er wollte die Monarchie und den Obrigkeitsstaat ebenso erhalten wie die privilegierte Stellung von Militär und Adel. Erste Priorität hatte aber im Zweifelsfall – nämlich, wenn Militärs und Adelige seiner Ansicht nach falsche Positionen einnahmen – die Macht des Staates. Darauf zielte auch das folgenreiche Bündnis mit den nationalen und liberalen Kräften und selbst die kurze Episode der Kontakte zur Arbeiterbewegung.

Bismarcks Wandel zum Pragmatiker wurde im Grunde von beiden Seiten misstrauisch beäugt: Die Konservativen verwechselten nicht selten seinen Pragmatismus mit einer opportunistischen Haltung, für die liberale Öffentlichkeit war Bismarck noch immer der Reaktionär schlechthin. Er hatte es zu Beginn sogar schwer, überhaupt geeignete Minister zu finden, und schrieb: »Wir sind froh, wenn wir acht Männer finden und halten.« Das erste Kabinett Bismarck bestand denn auch mehrheitlich aus eher zweitrangigen Persönlichkeiten, unter ihnen Carl von Bodelschwingh, Heinrich von Itzenplitz und Gustav von Jagow. In seinen Memoiren urteilte Bismarck vernichtend, dass einige Minister »nicht im Stande waren, ihre Ministerien zu leiten«. Sie hätten mit Ausnahme Roons kein Verständnis für die politische Gesamtlinie gezeigt, einige sich außerdem als »arbeitsscheu und vergnügungssüchtig« erwiesen. Freilich sind auch diese Äußerungen mit Vorsicht zu genießen; wie so viele Memoirenschreiber nutzt Bismarck durchaus die Gelegenheit, alte Rechnungen zu begleichen und Selbstrechtfertigung auf Kosten anderer zu betreiben.

In jedem Fall aber war Bismarck die alles entscheidende Persönlichkeit. Als Chef eines Konfliktministeriums berufen, dominierte er die Auseinandersetzung mit den Liberalen, während er zugleich den Machtkampf mit Wien zu führen versuchte.

Wie gesagt, versuchte Bismarck, die Opposition nicht nur durch Drohungen, sondern auch durch Ausgleichsbemühungen zu neutralisieren. Das gilt erstaunlicherweise sogar für seine bekannteste (oder berüchtigtste) Rede.

»... sondern durch Blut und Eisen«

Es ist wohl das bekannteste aller Bismarck-Zitate:

»Nicht auf Preußens Liberalismus sieht Deutschland, sondern auf seine Macht. ... Nicht durch Reden und Majoritätsbeschlüsse werden die großen Fragen der Zeit entschieden – das ist der große Fehler von 1848 und 1849 gewesen – sondern durch Blut und Eisen.«

Weit weniger bekannt als dieses martialische Zitat ist der Umstand, dass Bismarck in der gleichen Rede als symbolisches Friedensangebot an die Liberalen mit einem Olivenzweig wedelte. Er wollte in der Krise um die Militärreform die starken Liberalen auf seine Seite ziehen, er musste es sogar, wenn er den innenpolitischen Konflikt, der ja Preußens außenpolitische Stellung gefährdete, lösen wollte.

Das heißt: Im Grunde warb Bismarck hier nicht ohne weiteres für militärische Gewalt. Aus seiner Sicht beschrieb er eher Selbstverständlichkeiten: dass man für nie auszuschließende militärische Eskalationen gerüstet sein müsse, und dass die Erfahrung lehre, dass auf internationaler Ebene Machtkämpfe immer wieder gewaltsam ausgetragen werden.

Preußen war trotz seiner langen militärischen Tradition nie unverwundbar gewesen; der Siebenjährige Krieg war mit Glück gewonnen worden, von Napoleon war man zunächst vernichtend geschlagen worden, bevor Jahre später nur dank mächtiger Verbündeter die Revanche gelang. Das saß Bismarcks Mentoren, Leuten wie Gerlach, in den Knochen, auch er selbst wusste natürlich wusste darum.

Hätte ein anderer die gleiche Rede gehalten, wäre sie anders wahrgenommen worden. So jedoch war wieder einmal das Klischee des stockkonservativen Scharfmachers bedient.

Eigentlich war die »Blut-und-Eisen«-Rede als Bündnisangebot an die liberale und nationale Bewegung gedacht gewesen. Mehr noch: Auch die liberale Mehrheit des Abgeordnetenhauses glaubte, dass die »Deutsche Frage« wahrscheinlich nicht ohne Gewalt zu lösen sei, und dennoch fasste man, insbesondere die liberale Presse, vor dem Hintergrund von Bismarcks Vergangenheit, »Eisen und Blut« als eine angekündigte Gewaltherrschaft auf, die sich auf außenpolitische Abenteuer stürze.

In gewisser Weise ist Bismarck hier wieder einmal über sein eigenes rhetorisches Talent gestolpert. Hätte er, statt diese deutlichen Worte zu wählen, bürokratisch verschleiernd gesprochen, sagen wir einmal von »alternativlosen Verteidigungsausgaben zur Sicherheit der Bürger« oder Ähnlichem, was wäre wohl dann in den Zeitungen gestanden?

Die »Lückentheorie«

Nach diesem missglückten Versuch gab Bismarck seinen zweischienigen Kurs auf – und bekämpfte die Liberalen mit alter Schärfe. Das Parlament wurde in originaler Gutsherrenmanier vertagt. Damit regierte Bismarck im Herbst 1862 ohne ordnungsgemäßen Haushalt. Anfang 1863 wurde das Parlament wiedereinberufen. Bismarck rechtfertigte sich mit der berühmt gewordenen »Lückentheorie«.

Danach basierte das normale staatliche Handeln auf Kompromissen zwischen der Krone, dem Herrenhaus und dem Abgeordnetenhaus. Weigerte sich eine der Seiten nachzugeben, komme es zu Konflikten, »und Konflikte, da das Staatsleben nicht stillzustehen vermag, werden zu Machtfragen; wer die Macht in den Händen hat, geht dann in seinem Sinne vor, weil das Staatsleben auch nicht einen Augenblick stillstehen kann.«

Dahinter stand Bismarcks Voraussetzung, der Fall eines unauflöslichen Dissenses zwischen Monarch und Parlament sei in der Verfassung nicht geregelt. Demnach liege eine »Lücke« vor. Und diese, so der Monarchist, müsse durch das Vorrecht des Königs geschlossen werden.

Diese, gelinde gesagt, gewagte Auslegung der Rechtslage war nach Auffassung vieler Zeitgenossen schlicht ein Verfassungsbruch, mehr noch, ein Verrat an der preußischen Geschichte als solcher. Maximilian von Schwerin-Putzar urteilte, dies bedeute: »Macht geht vor Recht.« Bislang habe die Größe Preußens und die Anerkennung des Königshauses auf dem Grundsatz beruht »Recht geht vor Macht. Justitia fundamentum regnorum! Das ist der Wahlspruch der preußischen Könige, und er wird es fort und fort bleiben.«

Mit 255 gegen 68 Stimmen beschloss das Parlament eine Adresse an den König, die der Regierung Verfassungsbruch vorwarf.

Um gegen die Liberalen zu mobilisieren, verfolgte Bismarck sehr unterschiedliche Pläne. Sogar ein Bündnis mit der sozialdemokratischen Bewegung wäre für ihn vorübergehend denkbar gewesen. 1863 traf er sich mehrfach mit Arbeiterführer Ferdinand Lassalle, allerdings ohne politische Folgen. Bismarck erkannte, dass sich die Arbeiter, anders als einst seine treuen Bauern, nicht ohne für seine Partei unerträgliche Zugeständnisse einspannen hätten lassen.

Gegen hohe liberale Beamte, unter ihnen nicht zuletzt Abgeordnete, ging er mit Entlassungen vor. Gleichzeitig wurde die Pressefreiheit in Missachtung der Verfassung per Notverordnung stark eingeschränkt, die Regierung konnte gegen missliebige Journalisten rigoros vorgehen. Sogar in der Königsfamilie kam es darüber zum Konflikt, denn Kronprinz Friedrich lehnte die Repressalien ab. Die liberale Presse war viel mutiger, als es das Klischee vom deutschen Michel erwarten ließe. Die Redakteure antworteten mit ihren Mitteln. Man ließ sich nicht einschüchtern, schrieb von der »Mißregierung, die wie eine widerliche Monstrosität der Natur in Europa dastehe«.

Es kam zu etlichen Beleidigungsprozessen. 1865 forderte Bismarck den angesehenen Mediziner Professor Rudolf Virchow, ein Mitglied des Preußischen Abgeordnetenhauses, zum Duell. Virchow aber dachte nicht daran, dem altmärkischen Adligen »Satisfaktion« zu geben. Für den modernen Intellektuellen war so etwas schlicht keine zeitgemäße Form der Auseinandersetzung (formaljuristisch waren Duelle längst verboten, gehörten aber für viele noch zum Ehrenkodex). Man sieht, wie hier nicht nur politische Interessen, sondern auch kulturelle Welten aufeinanderstießen.

Trotz heftiger Proteste – öffentliche Kritik kam auch vom Thronfolger – überlebte Bismarck die Krise politisch, wieder einmal gegen die verbreitete Erwartung.

An der verfahrenen politischen Situation änderte sich freilich nichts. Die Verfassungskrise blieb bis 1866 ungelöst und artete in einen politischen Stellungskrieg aus. Bismarck versuchte, die Opposition zu zermürben. Er regierte mit dem Staatsapparat, und lange Zeit wurde das Parlament gar nicht einberufen. Am 9. Mai 1866 wurde es erneut aufgelöst. Bismarck spielte anfangs wieder mal mit dem Gedanken eines Staatsstreichs, diesmal durch Abschaffung von Wahlrecht und Verfassung.

Doch zunehmend lehnte er solche Forderungen, die von konservativer Seite erhoben wurden, ab – nicht aus Liebe zur Verfassung, sondern aus Vernunft und Kalkül: Er musste annehmen, dass so keine politische Ordnung herbeizuführen war, die langfristig stabil sein würde. Der simple Grund: Die oppositionellen Liberalen waren zu stark, in Preußen herrschten andere Verhältnisse als zu Zeiten des Alten Fritz. Die Macht der organisierten Liberalen war eine Folge der 48er-Revolution, die man insofern nicht als gänzlich gescheitert betrachten sollte.

Ausweichen auf Außenpolitik

Bismarck versuchte unterdessen, mit außenpolitischen Erfolgen Druck auf die Opposition auszuüben. Zunächst ging dieses Kalkül nicht auf. Das erste Abkommen, die Alvenslebensche Konvention vom 8. Februar 1863 zur Unterstützung Russlands gegen den Aufstand in Polen, stieß in Preußen selbst in konservativen Kreisen auf breite Ablehnung. Die Westmächte und die Liberalen sympathisierten ohnehin mit der polnischen Unabhängigkeitsbewegung. Bismarck hingegen kalkulierte durchaus weitblickend, dass ein unabhängiges Polen Ansprüche auf von Landsleuten bewohntes preußisches Territorium erheben würde und ein »französisches Lager an der Weichsel« darstelle, das eines Tages einen Zweifrontenkrieg gegen Preußen möglich machen würde. Der Druck von Seiten Großbritanniens und Frankreichs machte die Konvention bald wertlos, sie wurde gekündigt. Und dennoch sollte Bismarck später noch von diesem scheinbaren Flop profitieren, weil er in den künftigen Konflikten auf wohlwollende Neutralität Russlands bauen konnte. Unbeliebt in Preußen, beliebt im reaktionären Russland: Bismarcks Stellung in den 1860ern.

Österreich sah Bismarck indessen geschwächt und versuchte das zu nutzen: Wien wollte eine Reform des Deutschen Bundes zu Gunsten der Habsburgermonarchie durchsetzen. Letztlich ging es um den Kampf um die Vorherrschaft in Deutschland – und, wie schon 48/49, um die Frage, was dieses Deutschland eigentlich sein solle; in welchen Grenzen, in welcher Verfassung. Hätte sich Wien durchgesetzt, wäre es zur Überstimmbarkeit Preußens gekommen, Österreich hätte den gestärkten Bund dominiert.

Nur mit Mühe gelang es Bismarck, dem König die Teilnahme an dem geplanten Fürstentag in Frankfurt auszureden. Zeitweise drohte er mit einer Sprengung des Bundes. Und er spricht sogar das Wort »Krieg« offen aus – wenn Wien auf Kosten Preußens die Vorherrschaft anstrebe. Der Ministerpräsident legte jedoch auch im Gegenzug die preußischen Vorstellungen einer Bundesreform vor. Diese zielten wie schon früher auf gleiche Rechte für Österreich und Preußen. Hinzu kam jedoch die Forderung nach einer »aus direkter Beteiligung der ganzen Nation hervorgehenden Nationalvertretung«. – Dass Bismarck keineswegs beabsichtigte, einem solchen demokratischen Parlament mehr Rechte zuzubilligen als unbedingt nötig, sagte er nicht.

Dies war nun ein deutliches Bündnisangebot Preußens an die Nationalbewegung, welche ja immer noch eng mit dem Liberalismus verbunden war. Da die »Nationalvertretung« nach Einwohnerzahl gewichtet werden sollte (wozu es letztlich ja auch kam), wäre Preußen gestärkt worden. Kurzfristig nützte das Bismarck freilich wenig, da er angesichts des schwelenden Verfassungskonflikts als Partner für die Liberalen weiter nicht in Frage kam. Von ihnen unterstützt wurde Bismarck lediglich bei seiner Arbeit an der wirtschaftlichen Stärkung Preußens. Die Opposition konnte bei den Neuwahlen Ende Oktober 1863 ihre starke Position behaupten. Doch immerhin hatte Bismarck mit seiner Gegeninitiative den Wiener Vorstoß zurückgeschlagen.

Blut und Eisen in der Praxis I:

Der Deutsch-Dänische Krieg

Die ungelöste Frage der Bundesreform wurde bald von einer internationalen Krise überdeckt. Nach dem Tod Friedrichs VII. von Dänemark entbrannte ein Streit um die Zukunft der beiden Herzogtümer Schleswig und Holstein. Der dänische Reichstag beschloss die Einverleibung Schleswigs, zuvor war es von der dänischen Krone lediglich in Personalunion regiert worden.

Doch auch Prinz Friedrich von Augustenburg beanspruchte die Länder für sich. Die deutsche nationale Bewegung unterstützte ihn und forderte die Vereinigung der beiden ganz überwiegend deutschsprachigen Herzogtümer und ihre Eingliederung in den Deutschen Bund. Der neue dänische König Christian IX. stand jedoch unter dem Druck der Nationalbewegung im eigenen Land. Er kündigte deshalb dagegen an, Schleswig in den dänischen Staatsverband integrieren zu wollen.

Und Bismarck? Eigentlich wäre diese Situation gerade recht gekommen, um mit nationaler Rhetorik Preußen an die Spitze der deutschen Bewegung zu setzen. Doch zur Enttäuschung der nationalen und liberalen Bewegung lehnte Bismarck es ab, den Anspruch Friedrichs von Augustenburg zu unterstützen. Bismarck wollte nämlich nicht, dass Preußen es sich mit den großen europäischen Mächten verdirbt. Er wandte sich gleichzeitig aber auch gegen die dänische Position.

Bismarck, der Taktierer, strebte mittelfristig sehr wohl die Einbindung der beiden Herzogtümer in den preußischen Machtbereich an. Dies war zum Zeitpunkt der Krise außenpolitisch allerdings noch nicht durchsetzbar. Die Österreicher sahen in einer »nationalen Lösung« der schleswig-holsteinischen Frage eine Gefahr für den eigenen Vielvölkerstaat. Man fürchtete die Vorbildfunktion für die nicht-deutschen Volksgruppen (so kam es später ja auch). Vor diesem Hintergrund ergab sich noch einmal eine Zusammenarbeit der beiden deutschen Großmächte. Diesmal jedoch übernahm Preußen das Heft des Handelns, schon, weil es geographisch näher am Zankapfel dran war.

Bismarcks Politik in der schleswig-holsteinischen Krise folgte wieder einmal keinem fertig ausgearbeiteten Plan. Er spekulierte darauf, dass die Umstände denjenigen begünstigen würden, der sich von ihnen leiten ließ, ihnen Lösungen abgewann statt sie ihnen aufzuzwingen. Bismarck sagte später: »Das ist die diplomatische Kampagne, auf die ich am stolzesten bin.«

Bismarck trat als Verteidiger des bestehenden Völkerrechts auf und forderte von Dänemark, wieder auf den Boden der Londoner Verträge von 1852 zurückzukehren. Dadurch beruhigte er die europäischen Großmächte. Österreich stellte sich an die Seite Preußens. Die kleineren Staaten im Deutschen Bund und der Bundestag wurden dadurch weitgehend an den Rand gedrängt. Nicht nur das: Bismarck und der österreichische Gesandte Alajos Károlyi erklärten in Berlin, dass beide Großmächte das Recht beanspruchen, sich über die Beschlüsse des Bundestages hinwegzusetzen. Damit wurde das Fortbestehen des Bundes in seiner bisherigen Form erstmals von Preußen und Österreich gemeinsam in Frage gestellt.

Erstürmung der Düppeler Schanzen durch das preußische Militär

Der Konflikt um Schleswig und Holstein führte im Februar 1864 zum Krieg zwischen dem Deutschen Bund und Dänemark.

Dank Bismarcks diplomatischem Geschick sah sich Dänemark, das anfangs geglaubt hatte, im Grunde nur eine innere Angelegenheit zu bereinigen, einer überlegenen Militärmacht gegenüber. Im Gegensatz zu früheren Kriegen Preußens lag die eigentliche Führung nicht beim König oder den hohen Militärs, sondern beim Ministerpräsidenten: Seinem politischen Kalkül folgten die militärischen Schritte.

Beispielhaft war folgendes Ereignis: Als sich Berichte über unüberlegte Befehle des 80-jährigen Oberbefehlshabers General Friedrich von Wrangel häuften und er gar beim König den Antrag gestellt hatte, Schleswig-Holstein als unabhängige Herzogtümer anzuerkennen, wurde er auf Betreiben Bismarcks abgelöst.

Nach dem Sieg Preußens an den Düppeler Schanzen am 18. April 1864 kam es in London zu ersten Verhandlungen über die Beilegung des Konflikts. Sie scheiterten nicht zuletzt am Taktieren Bismarcks, der sich ausrechnete, bei weiteren militärischen Erfolgen eine noch bessere Verhandlungsposition zu erlangen. Er war also tatsächlich bereit, dem preußischen Machtinteresse mehr Soldatenleben zu opfern, als für die bloße Wahrung des Status quo nötig gewesen wäre. Moralisch mag man dies, gerade aus heutiger Sicht, verurteilen, politisch und militärisch ging das Kalkül auf.

Der Krieg ging weiter; die verbündeten Österreicher und Preußen eroberten Jütland. Damit war Dänemark besiegt. Der Krieg endete mit dem Wiener Friedensvertrag vom 30. Oktober 1864. In diesem verzichtete Dänemark auf die Herzogtümer Schleswig und Holstein. Bismarck war tatsächlich ein Kunststück gelungen: Gerade weil er nicht, wie andere, unreflektiert ins nationale Horn getutet hatte, sondern sich als Verteidiger von Recht und Verträgen gab, waren die Gebiete nun in deutscher Hand.

Die Herzogtümer wurden der gemeinsamen Verwaltung durch Österreich und Preußen unterstellt. Diese Konstruktion war für Bismarck jedoch nur ein Provisorium. Nicht zuletzt auf Grund seines Ziels – der alleinigen Kontrolle über die Herzogtümer – trat der preußisch-österreichische Konflikt wieder hervor. Am Ende sollte Österreich in dieser Angelegenheit die Rolle des (um es undiplomatisch deutlich auszudrücken) nützlichen Trottels zukommen.

Innenpolitisch löste allerdings auch der Erfolg in Dänemark kein Nachgeben der Fortschrittspartei im preußischen Parlament aus. Die Liberalen befanden sich Bismarck gegenüber jetzt aber mit verschiedenen Anträgen in der Defensive, wenn sie zum Beispiel wegen des Verfassungsstreits den Ausbau der Marine ablehnten, der von der Mehrheit sachlich gewollt wurde. In der liberalen Bewegung begannen ehemalige Kritiker des Ministerpräsidenten wie der Historiker Heinrich von Treitschke, ihre Position zu ändern. Die Liberalen sollten zunehmend in zwei Lager zerfallen: Linksliberale, die an der Verbindung zwischen nationaler Einigung und politischer Liberalisierung festhielten, und jene, die bereit waren, das »vaterländische« Ziel auch unter Zurückstellung des demokratischen zu verwirklichen. Es bildete sich neben den alten Konservativen eine neue Rechte.

Dieser Zerfall des alten patriotisch-demokratischen Ideals gilt vielen angesichts der späteren deutschen Geschichte als Sündenfall des Liberalismus. Bismarck käme dann, drastisch gesprochen, die Rolle der Schlange zu. Andererseits: Der Sinneswandel war eine bewusste Entscheidung der Betreffenden, erzwungen hat sie Bismarck keineswegs. Die Verknüpfung von diplomatischen und militärischen Erfolgen des konservativen Ministerpräsidenten mit einer möglichen Lösung der »deutschen Frage« entfaltete eine zunehmend verführerische Wirkung. »Blut und Eisen« war nicht mehr für alle Liberalen ein Schreckbild, sondern für manche eine bedenkenswerte Option.

Blut und Eisen in der Praxis II:

Der Deutsche Krieg

Die Geschehnisse, die zum Krieg zwischen Preußen und Österreich führten, werden unter Historikern unterschiedlich beurteilt. Während die einen behaupten, Bismarck habe systematisch auf eine bewaffnete Auseinandersetzung hingearbeitet, sagen andere, er habe sich in Fortsetzung seiner bisherigen Politik beide Optionen offen gehalten: Erhalt und Ausbau der preußischen Stärke im Dualismus mit Wien ebenso wie eine kriegerische Entscheidung. Was stimmt, lässt sich wohl nicht endgültig klären. Jedenfalls agierte Bismarck weiter taktisch. Zur Schleswig-Frage sagte er einmal, wie bei einer Schnepfenjagd müsse man sich »auf sumpfigem Gelände immer erst der Tragfähigkeit des nächsten Grasbüschels versichern«, ehe man den nächsten Schritt tue. So gesehen hatte der vermeintlich »tolle Bismarck« bei seinen Jagdgesellschaften in der ostelbischen Provinz doch etwas gelernt. Man sollte dieses Bild im Gedächtnis behalten, es sagt nicht weniger über Bismarcks Außenpolitik aus als die bekannte Blut-und-Eisen-Metonymie.

Bismarck war zu diesem Zeitpunkt zwar in einer starken Position in der preußischen Führung, aber nicht allmächtig. Das zeigte sich, als der österreichische Außenminister Rechberg sein Amt verlor, weil er in der Zollvereinssache nichts erreichen konnte. Bismarck hätte um des ja noch bestehenden Bündnisses willen Rechberg einen Teilerfolg zugebilligt, aber die preußischen Wirtschaftspolitiker setzten sich gegen ihn durch.

Bismarck spielte also immer noch mit dem alten Gedanken einer preußisch-österreichischen Übereinkunft unter konservativem Vorzeichen. Als sich zunehmend zeigte, dass die österreichische Deutschlandpolitik eine Erweiterung der preußischen Macht nicht zuließ, setzte Bismarck stärker auf ein Bündnis mit der liberalen und nationalen Bewegung mit dem Ziel der Schaffung eines kleindeutschen Staates. Das musste nicht zwingend Krieg bedeuten, doch machte es ihn wahrscheinlich. So steuerte er zwar nicht von Beginn an auf eine kriegerische Auseinandersetzung hin. Vielmehr hielt er sich alle Optionen offen. Das Gleiche gilt im Übrigen für die österreichische Seite.

In der Gasteiner Konvention kam es im August 1865 zur Teilung der nördlichen Herzogtümer: Theoretisch bestand zwar die gemeinsame Hoheit fort. De facto war es anders, Holstein wurde österreichisch und Schleswig preußisch verwaltet. Das Herzogtum Sachsen-Lauenburg kam gegen Zahlung von 2,5 Mio. dänischen Talern in die Wiener Kasse an Preußen. Zum Dank für seine Verdienste erhielt Bismarck den preußischen Grafentitel.

Bismarck entschied sich letztlich auch deswegen für einen Krieg, weil er hoffte, so den preußischen Verfassungskonflikt beenden zu können, zeichnete sich doch immer deutlicher eine Spaltung des oppositionellen Lagers ab. Die zentrale Weichenstellung fiel auf einer Kronratssitzung am 28. Februar 1866. Bismarck gelang es, den vor einem »Bruderkrieg« zurückschreckenden König von der Kriegspolitik zu überzeugen, und er schaffte es, Wilhelm I. in den folgenden Monaten von der Änderung seiner Meinung abzuhalten.

Doch auf der anderen Seite, in Wien, waren keineswegs Pazifisten an der Macht. Das Interesse der Habsburgermonarchie an einem Krieg hatte einen simplen, aber schlagenden Grund: Geld. Man hatte hohe Schulden angehäuft. Der Finanzminister erklärte schließlich: Sanierung durch Kriegsentschädigungen oder Bankrott.

Das Dilemma Wiens bestand im Übrigen darin, dass der noch aus Kongresszeiten stammenden Hegemonialstellung Österreichs im Deutschen Bund keine adäquate wirtschaftlich-militärische Macht mehr gegenüberstand, nicht gegenüber dem erstarkenden Preußen. Das wollte man in Wien ebenso wenig wahrhaben wie zuvor in Kopenhagen. Später gestand Außenminister Mensdorff zu, gegen seine friedliche Linie hätten sich diejenigen durchgesetzt, die sich »durch einen kriegerischen Erfolg eine Machterhöhung für sich zu erzielen hofften, ohne zu bedenken, daß ... zu einem solchen Erfolg die Voraussetzungen fehlten.«

Dieses Urteil ist insofern fragwürdig, als der Ausgang des Krieges nicht vorherbestimmt war, denn Preußen und seine Verbündeten waren stark, aber nicht übermächtig, und das Verhalten der übrigen europäischen Mächte konnte keiner der Beteiligten mit Sicherheit vorausberechnen. Es zeigt aber, dass es in Wien ebenso »Falken« gab wie in Berlin.

Bismarck fand Wege, um Österreich zu isolieren und zu provozieren. Er hielt sich indessen die Möglichkeit offen, den Konfrontationskurs abzubrechen, sollte es zu starke Widerstände der Großmächte geben. Mit Erfolg hielt Bismarck insbesondere Napoleon III. zu einer neutralen Haltung an. Die Unterstützung Italiens sicherte Bismarck sich durch einen befristeten Bündnisvertrag (8. April 1866). Nachdem er erneut die Wahl eines direkt gewählten deutschen Parlaments ins Spiel gebracht hatte, um Österreich zu provozieren, löste er massive Kritik im Lager der preußischen Konservativen aus. Selbst Ludwig von Gerlach distanzierte sich von ihm. Die Liberalen trauten Bismarck immer noch nicht und gingen auf dessen Bündnisangebot nicht ein. Auch in der Öffentlichkeit war ein deutscher Bruderkrieg sehr unpopulär. Auguste und die Kronprinzen arbeiteten an Bismarcks Entlassung, ohne Erfolg. Um den Krieg abzuwenden, verübte der Student Ferdinand Cohen-Blind am 7. Mai 1866 sogar ein Pistolenattentat auf Bismarck, was jedoch scheiterte. Bismarck wurde trotz mehrerer Schüsse nur leicht verletzt. Nicht wenige brachten dem unglücklichen Kerl, der sich in der Haft umbrachte, Verständnis entgegen.

Umgekehrt provozierte auch Wien, indem es die theoretische Mitregentschaft Preußens in Holstein ignorierte. Als Österreich am 1. Juni 1866 die Entscheidung über die Zukunft Schleswig-Holsteins dem Bundestag übertrug, ließ Bismarck mit dem Argument, dies sei eine Verletzung der Gasteiner Konvention, die preußische Armee in Holstein einmarschieren – kampflos.

Formal mag Bismarcks Argument richtig gewesen sein. Doch ein friedenswilliger Regierungschef hätte auf die Möglichkeit, den Bundestag einzuschalten, eingehen können, wenn nicht sogar müssen – schließlich war dieses Gremium zur Bewältigung innerdeutscher Konflikte eingerichtet worden. So sahen das auch Mittelmächte wie Hannover und Sachsen. Im Übrigen war Bismarck bei anderen Fragen – siehe »Lückentheorie« – weit weniger schriftgläubig und wortgetreu gewesen.

Folglich beschloss der Bundestag auf Antrag Österreichs mehrheitlich (neun gegen sechs) die Mobilmachung des Bundesheeres. Preußen erklärte den Bundesvertrag daraufhin für »erloschen« und begann am 16. Juni 1866 mit den kriegerischen Operationen gegen die Königreiche Hannover und Sachsen sowie gegen Kurhessen.

Ein Erfolg der preußischen Armee war keineswegs sicher. Ein Großteil der Zeitgenossen, so auch Napoleon III., rechnete mit einem österreichischen Sieg. Bismarck setzte nun wirklich alles auf eine Karte. »Wenn wir geschlagen werden, werde ich nicht hierher zurückkehren. Ich werde bei der letzten Attacke fallen.«

Diese »Kamikaze«-Aussage ist durchaus glaubhaft. Bismarck wusste, dass er nach einer Niederlage quasi entehrt dastehen würde: Er wurde als verantwortlich für den Kriegskurs angesehen und war es, was den preußischen Part betrifft, tatsächlich. Rechtfertigen konnte sich Bismarck nur durch einen Sieg. Zu dieser Zeit haben sich Männer wegen weit geringerer »Ehren«-Fragen die Kugel gegeben. Ein Duell geliefert hatte sich der einstige Corpsstudent bereits, zu einem weiteren gefordert. Bismarck spielte mit dem Leben seiner Soldaten – Wehrpflichtige, nicht Kriegsfreiwillige – und wahrscheinlich auch mit seinem eigenen.

Angesichts der fragwürdigen Siegeschancen Preußens gegen einen etwa gleich starken Gegner grenzt Bismarcks Handeln an Russisch Roulette. Doch für ihn war Politik – und insofern auch Krieg als deren Fortsetzung »mit anderen Mitteln« – kein »Job«, sondern bei aller realpolitischen Abwägung im Einzelnen doch Berufung, ja Besessenheit und Sucht.

Am Ende schien der Erfolg ihm Recht zu geben (natürlich aus machtpolitischer, nicht aus pazifistischer Sicht). Neben kleineren norddeutschen Verbündeten konnte Preußen auf Italien zählen, das Österreich Venetien abringen wollte. Für den Ausgang des Krieges sind viele Gründe genannt worden: von der Zerstrittenheit der Streitkräfte des Deutschen Bundes über modernere Waffen und Kommunikationstechnik (Telegraphie) bis hin zu neuen Taktiken auf dem Schlachtfeld. Zwingend sind diese Gründe nicht. Zum Beispiel gilt die lange Zeit stark betonte Rolle der Eisenbahn heute als im Wesentlichen widerlegt.

Wichtig war sicherlich, dass Österreich wegen Venetien einen Zweifrontenkrieg führen musste. Preußen errang am 3. Juli 1866 in der Schlacht von Königgrätz den entscheidenden Sieg. Militärhistoriker haben auch schon die These aufgestellt, dass Österreich dort wegen des Fehlverhaltens einiger Offiziere, die einen taktisch kontraproduktiven Gegenangriff starteten, verlor. Für unseren Zusammenhang bleibt festzuhalten, dass der preußische Sieg in diesem Fall (anders als gegen die Dänen) nicht vordringlich Bismarcks Diplomatie zu verdanken war, sondern eher technisch-militärisch erklärt werden kann.

Umso wichtiger war jedoch, was Bismarck kurz nach Königgrätz gegen den Monarchen und die Generäle durchsetzte: Während Wilhelm I. und die Militärs darauf drängten, Wien zu erobern und Österreich harte Friedensbedingungen aufzuerlegen, setzte Bismarck gemäßigte Konditionen durch. An Johanna schrieb er: »... ich habe die undankbare Aufgabe, Wasser in den brausenden Wein zu gießen und geltend zu machen, daß wir nicht allein in Europa leben, sondern mit drei Mächten, die uns hassen und neiden.« Er ging nämlich davon aus, dass ein geschwächtes Österreich zu einem Bündnis mit Frankreich gezwungen wäre, was wiederum zu einem Zweifrontenkrieg gegen Preußen hätte führen können. Die Furcht vor einem solchen Krieg ist eine Konstante der Bismarckschen Außenpolitik, und die spätere Geschichte sollte ihm posthum Recht geben.

Im Prager Frieden vom 23. August 1866 brauchte Österreich wegen dieser Taktik Bismarcks außer dem fernen Holstein keine Gebiete an Preußen abzugeben. Es musste aber der Abtretung Venetiens an Italien, der Auflösung des Deutschen Bundes und der Bildung eines Norddeutschen Bundes unter preußischer Führung zustimmen. Auch musste das Kaiserreich zusagen, sich aus der »neuen Gestaltung Deutschlands« herauszuhalten. Damit war der Dualismus quasi vorbei.

Was Preußen sich nicht von Österreich nahm, holte es sich anderswo. Das traditionsreiche Königreich Hannover wurde von Preußen ebenso annektiert wie Kurhessen, Nassau und die Freie Stadt Frankfurt. Die Stadt am Main wurde mit hohen Reparationszahlungen belegt. Die süddeutschen Staaten blieben zunächst unabhängig.

Die Einverleibung der Territorien alteingesessener Fürstenhäuser widersprach dem Prinzip monarchischer Solidarität, was auch im Ausland wahrgenommen wurde. Bismarck setzte sich über Bedenken Wilhelms I. hinweg, weil das seit langem in einen westlichen und den angestammten Hauptteil zergliederte Preußen so geostrategisch weitgehend abgerundet werden konnte – und im Grunde erst nun auf der Landkarte (man erinnert sich: eine Lieblingslektüre des Gutsherrn) wie ein »richtiges« Land aussah. Die nicht annektierten Territorien in Norddeutschland gehörten Verbündeten; in Anbetracht der Geographie blieb ihnen künftig auch gar nichts anderes mehr übrig, als mit Preußen gemeinsame Sache zu machen.

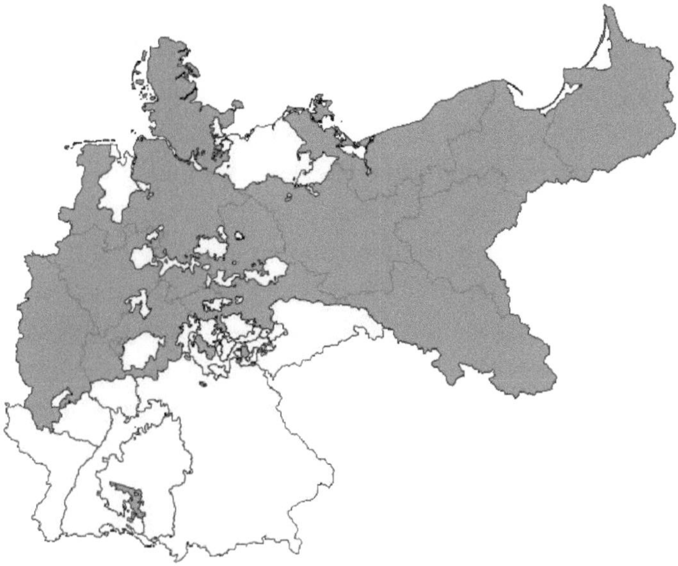

Preußens größte Ausdehnung (grau, 1866-1918). Die übrigen Umrisse zeigen zusammen mit Preußen das Deutsche Reich von 1871.

Für Bismarck war Königgrätz übrigens auch ein finanzieller Erfolg. Er erwarb 1867 von der ihm wegen des gewonnenen Krieges bewilligten Dotation in Höhe von 400.000 Talern das Rittergut Varzin. Dort ließ er die Papierfabrik Hammermühle errichten, die sich bald zum größten Unternehmen Ostpommerns entwickeln sollte. Zugleich war das Gebiet groß genug, um dem Natur- und Jagdfreund als Rückzugsgebiet zu dienen.

Das Ende des Verfassungskonflikts

Sieger sind populär: Der Krieg führte unter anderem dazu, dass die Konservativen ihre Position im preußischen Landtag erheblich ausbauen konnten. Doch ohne die Liberalen ging es weiterhin nicht. Um den Konflikt mit ihnen endlich beizulegen, ließ Bismarck ankündigen, er wolle den Landtag um »Indemnität« bitten, also um die nachträgliche Genehmigung der Ausgaben. Dies bedeutete das Eingeständnis, dass er in den Jahren seit 1862 faktisch ohne rechtmäßigen Haushalt regiert hatte. Bismarck wollte dies zwar nicht als Schuldeingeständnis gewertet wissen, es besänftigte aber diejenigen Liberalen, die sich von den Erfolgen des »starken Mannes« faszinieren ließen. Verfassungsrechtlich war die Position der Regierung immer mehr als fragwürdig gewesen.

Dennoch lag ein Politikwechsel vor, mit dem im Landtag so niemand gerechnet hatte. Das verführerische Angebot Bismarcks führte nun zur wirklichen Spaltung der Liberalen. Während die einen argumentierten, von Bismarck seien weitere Fortschritte in der »nationalen Frage« zu erwarten, meinten andere, liberale Freiheitsrechte müssten Vorrang vor der nationalen Einheit haben oder wenigstens gleichberechtigt behandelt werden.

Es kam zur Abspaltung der gemäßigten und nationalen Liberalen von der Fortschrittspartei und zur Bildung der Nationalliberalen Partei. Veränderungen fanden auch im Lager der Konservativen statt. Von den Altkonservativen um Leopold von Gerlach, die sich zunehmend von Bismarck abgewandt hatten, trennten sich nunmehr realpolitisch gesinnte Bismarckanhänger; sie bildeten die Freikonservative Partei. Für seine Politik konnte sich Bismarck in den folgenden Jahren auf Nationalliberale und Freikonservative stützen.

Die Verfassung oder: Revolution von oben

Bismarck selbst schrieb, und diese Haltung kann als typisch gelten für sein Lebenswerk: »Soll Revolution sein, so wollen wir sie lieber machen als erleiden.« Im Gespräch mit Napoleon III. hatte er bereits früher gesagt: »Revolutionen machen in Preußen nur die Könige.« Mit der Gestaltung des Norddeutschen Bundes, der Modell für das Kaiserreich wurde, hatte Bismarck nun wirklich die Gelegenheit zu einer Revolution von oben.

Wie gesagt, hatte Bismarck sich bei den Annexionen um das für die Konservativen heilige Prinzip der monarchischen Legitimität nicht gekümmert. Der Reichstag des neuen Norddeutschen Bundes wurde nach demokratischen Grundsätzen gewählt.

Grundlage war die Paulskirchenverfassung. Es galt allgemeines und gleiches Wahlrecht für die männliche Bevölkerung. Das war – für sich genommen – progressiver als in Großbritannien, dem Mutterland des Parlamentarismus (das Frauenwahlrecht gab es damals nur auf der winzigen Pazifikinsel Pitcairn und in Wyoming). Damit hatte Bismarck tatsächlich eines seiner Versprechen an die Liberalen eingelöst. So konnte er dem auf militärischer Machtausübung, auf »Blut und Eisen« basierenden Gebilde eine moderne Form der Legitimität verleihen – allerdings mit ganz wesentlichen Einschränkungen.

Die Verfassung des Bundes wurde von Bismarck in weiten Teilen selbst bestimmt (»Putbuser Diktate«), obgleich er in den parlamentarischen Beratungen auch einigen Kompromissen zustimmen musste. Die Verhandlungen setzten Bismarck gesundheitlich schwer zu: 22 kleinere deutsche Regierungen, die Parlamente mit ihren vielen Parteien, der eigene König, ausländische Diplomaten – er bekannte, mehrfach am Rande des Nervenzusammenbruchs gewesen zu sein.

Jedenfalls gelang es ihm, der Gründung des Norddeutschen Bundes seinen Stempel aufzudrücken. Die Verfassung, die im Kern auch während des Deutschen Kaiserreichs weiter galt, wird nicht umsonst auch Bismarcksche Reichsverfassung genannt. Ein Kernpunkt war, die preußische Vorherrschaft auf Dauer zu festigen. Das in der Verfassung festgeschriebene Amt des Bundeskanzlers, während des Kaiserreichs Reichskanzler genannt, hatte Bismarck zwar nicht, wie gelegentlich zu lesen, unbedingt von vornherein für sich vorgesehen. Aus den Verhandlungen ergab es sich aber so.

Zusammen mit der Position des preußischen Ministerpräsidenten und dem Amt des Außenministers hatte Bismarck somit eine starke Machtstellung inne. In den parlamentarischen Beratungen nach der Wahl zum ersten Reichstag des Bundes gelang es den Nationalliberalen zwar, Bismarck noch einige Zugeständnisse abzuringen. Doch der Militäretat wurde weitgehend dem parlamentarischen Einfluss entzogen, und es gab keine verantwortlichen Bundesministerien. Vor allem: Weder Kanzler noch andere Regierungsmitglieder konnten vom Reichstag zu Fall gebracht werden. Als Bundes- wie auch Reichskanzler blieb Bismarck seinem Monarchen, nicht dem demokratisch gewählten Parlament verpflichtet. Das änderte sich auch unter seinen Nachfolgern bis 1918 nicht.

Bismarck ist den liberalen Forderungen weit entgegengekommen, er hat aber auch verhindert, dass aus dem konstitutionellen ein im heutigen Sinne parlamentarisches System wurde. Dazu diente auch die Art, wie Bismarck das föderale Prinzip einsetzte. Der Bundesrat als Vertretung der Regierungen war ein wirkungsvolles Gegengewicht zum demokratisch gewählten Parlament. Dafür verzichtete Preußen darauf, entsprechend der Bevölkerungszahl (ca. 80 Prozent der Bewohner des Gebietes des Norddeutschen Bundes) repräsentiert zu sein, es hatte 17 der 43 Stimmen. Das war auch eine gewisse Einladung an die süddeutschen Länder, die mit dem Ende des Deutschen Bundes ja ohne Integration in einem vergleichbaren Bündnis waren.

Die inneren Veränderungen dieser Jahre gingen weit über die Verfassung hinaus. Sie betrafen die allgemeine Rechtsordnung, die Wirtschafts- und Verwaltungsstruktur. Das neue Gebilde brauchte ja nicht nur eine Verfassung, sondern auch etliche Einzelgesetze. Unter der Verantwortung Bismarcks, der ja früher als Erzkonservativer gegolten hatte, entstand nun keine parlamentarische Demokratie, aber ein für die Zeit in vieler Hinsicht sehr modernes Staatswesen. In weiten Bereichen entsprach dieses liberalen Vorstellungen, was jedoch auch dazu führte, dass die Kehrseite, das in vielem bürokratisch-obrigkeitshafte Wesen des neuen Systems, von vielen nicht so deutlich wahrgenommen wurde, wie es erforderlich gewesen wäre, um mehr Demokratie durchzusetzen.

Von Bismarck-, Preußen- und Deutschlandkritikern ist seit dem Ersten Weltkrieg, insbesondere nach dem Zweiten, immer wieder hervorgehoben worden, wie die antiparlamentarischen Elemente dieses Systems die Entwicklung des Reiches zu einer westlichen Demokratie verhindert hätten. Dem ist aber zumindest das progressive Wahlrecht zum Reichstag entgegenzuhalten. Auch war dieses Parlament zwar nicht so stark wie etwa das britische Unterhaus, aber wegen des Gesetzgebungs- und Haushaltsrechts sehr wohl einflussreich. Das bekam Bismarck selbst später immer wieder zu spüren, wenn er sich Mehrheiten für seine oft umstrittenen Gesetze suchen musste. Auch stellte die Verfassung einen Fortschritt gegenüber der preußischen dar. Dass sich diese Entwicklung später nicht organisch fortsetzte, ist auch Bismarck, aber sicher nicht diesem allein zuzuschreiben.

Die Umsetzung der Putbuser Prinzipien lag in anderen Händen. Insbesondere Rudolph von Delbrück war als rechte Hand Bismarcks bis zum späteren Zerwürfnis eine prägende Persönlichkeit. Dennoch ist Bismarcks persönlicher Einfluss nicht zu unterschätzen. Im Norddeutschen Bund entstand ein bürokratisch-zentralisiertes Gebilde; es war Grundlage für die rasante

Industrialisierung Deutschlands in dieser Zeit, für die spätere Herausbildung des »Made in Germany«.

In einer »parlamentarischen Hochdruckmaschine«, wie Bismarck selbst sagte, entstand ein Gesetz nach dem anderen. Vieles gilt in Deutschland modifiziert bis heute: Freizügigkeit im Bundesgebiet, Aufhebung von Ehehindernissen, Koalitionsrecht für Arbeiter, einheitliche Maße und Gewichte, Vorantreiben des Eisenbahnwesens, gemeinsames Handels- und Strafgesetzbuch usw.

Die romantische Idealisierung des kulturell produktiven, aber agrarisch geprägten und politisch zersplitterten Landes der »Dichter und Denker« war endgültig Vergangenheit. Das wurde im Ausland immer deutlicher wahrgenommen.

Blut und Eisen III:

Deutsch-Französischer Krieg und Reichsgründung

Bismarck glaubte, anders als die Altkonservativen, dass die von ihm so vehement verteidigte preußische Monarchie am stärksten und zukunftsfähigsten war, wenn Preußen sich selbst an die Spitze der nationalen Bewegung stellte. So mühte er sich nun, die süddeutschen Staaten mit dem Norddeutschen Bund zu vereinigen. Sein Ziel: die Schaffung eines kleindeutschen Nationalstaates unter preußischer Führung.

Zwar konnte er mit den süddeutschen Staaten »Schutz- und Trutzbündnisse« schließen. Aber der Norddeutsche Bund erwies sich nicht als der von Bismarck erhoffte Magnet, der quasi automatisch zu einem Anschluss der noch fernstehenden deutschen Länder geführt hätte. Die Wahlen zum Zollparlament gewannen in Bayern und Württemberg nämlich Gegner eines Anschlusses. Man misstraute dem neuen Gebilde, das so deutlich unter der Führung Preußens stand. War man nicht vor kurzem noch Kriegsgegner gewesen? Hatte man nicht zusehen müssen, wie Preußen verbündete Mittelmächte annektierte? Stand man nicht doch Wien immer noch näher als Berlin? War man nicht landschaftlich, kulturell, sprachlich und großenteils konfessionell den gewaltsam ausgebooteten Österreichern verbunden? Andererseits war man mit Preußen und den anderen Norddeutschen ja seit langem durch den Zollverein verknüpft. Die neuen militärischen Bündnisse, gleichzeitig ein Schutz für die Süddeutschen gegen äußere Ansprüche wie gegen den großen Bruder Preußen selbst, waren ein zweiter Pfeiler.

Bismarck sann darüber nach, wie sich die Stimmung in seinem Sinn verändern ließe. Er gelangte zu dem Schluss, dass dies am ehesten durch eine äußere Bedrohung geschehen könne. In der Stunde der Not – gegen den immer machtgierigeren Bonaparte –

waren die zerstrittenen Deutschen doch auch schon früher zusammengestanden, freiwillig, ohne Zwangsrekrutierung, in den Befreiungskriegen. Man erinnert sich, wie der junge Bismarck argumentiert hatte.

Indessen war Napoleon III. trotz der zunehmend antipreußischen Stimmung in Frankreich bislang nicht in die Fußstapfen seines Namenspatrons getreten. Ein Kriegstreiber war er nicht. Und auch Bismarck agierte mit klugem Zaudern: Er versuchte nicht, eine Bedrohungssituation blindwütig herbeizuführen, denn »ein willkürliches, nur nach subjektiven Gründen bestimmtes Eingreifen in die Entwicklung der Geschichte hat immer nur das Abschlagen unreifer Früchte zur Folge gehabt; und daß die deutsche Einheit in diesem Augenblick keine reife Frucht ist, fällt meines Erachtens in die Augen. ... Wir können die Uhren vorstellen, die Zeit vergeht aber deshalb nicht rascher ...« Zugleich stellte er aber auch klar: »Daß die deutsche Einheit durch gewaltsame Ereignisse gefördert werden würde, halte auch ich für wahrscheinlich.« Konkreter gesagt: Würde Preußen offen provozieren, würde Berlin nicht mit der Solidarität der Süddeutschen rechnen können, im Gegenteil. Und natürlich waren da noch die anderen europäischen Mächte. Bismarck war klar: Mit einer dieser Mächte musste Preußen es sich verscherzen, wenn das Bedrohungsszenario wirken sollte, aber keinesfalls mit mehreren, das wäre das Aus für seine Pläne, wenn nicht gar für alles bisher Erreichte gewesen.

Außenpolitisch rechnete Bismarck von Seiten Frankreichs mit dem stärksten Widerstand gegen einen deutschen Nationalstaat. In der französischen Öffentlichkeit kursierte die Parole »Rache für Sadowa« (Königgrätz). Das mutet merkwürdig an: Revanche für einen Krieg, an dem man gar nicht beteiligt war? Verstehen kann man das nur, wenn man sich zwei Aspekte vor Augen hält: Zum einen hatte Frankreich gehofft, aus der Gewährung seiner Neutralität politisches Kapital zu schlagen, genauer: Gebietsabtretungen, zum Beispiel Luxemburg mit seiner preußischen Garnison. Vor allem aber herrschte in Paris noch immer die Vorstellung, dass

Frankreich quasi die naturgegebene Hegemonialmacht des kontinentalen Europa sei. Der Parvenü Preußen und sein wirtschaftlich und politisch moderner Bund wurden zunehmend als gefährlicher Konkurrent wahrgenommen.

Die Regierung Napoleons III. erhob unter dem Druck der nationalen Kräfte Gebietsansprüche, was zur Luxemburgkrise führte. Mit der Neutralisierung Luxemburgs und dem Abzug der preußischen Truppen wurde das Problem im Mai 1867 gelöst. Doch die national Gesinnten auf beiden Seiten wollten mehr. Bismarck nutzte die Gelegenheit, durch Parlamentsreden und in Presseartikeln die antifranzösische Stimmung noch zu verstärken. Auf der anderen Seite sah Napoleon III. den Ausgang des Konflikts als Niederlage an. Hinzu kam, dass sich sein politisches System stark auf Stimmung und Stimmungsmache verließ. So setzte er sich letztlich selbst unter Druck, jegliche weiteren preußischen Erfolge zu unterbinden; und so standen sich der Norddeutsche Bund und Frankreich nun feindlich gegenüber. Daraus folgt nicht notwendig, dass ein Krieg unvermeidlich war. Denn zum einen stand Bismarck vor dem Hintergrund seiner bisherigen Erfolge weit weniger unter Druck als früher. Zum anderen war bekannt, dass der Franzosenkaiser krank war, es musste mit seinem Tod gerechnet werden; und was danach kommen würde, wusste niemand. Allerdings war nun sicher, dass auch eine friedliche Vereinigung mit Süddeutschland auf den heftigen Widerstand Frankreichs treffen würde.

Die Frage, ob Bismarck den Krieg suchte oder ihn nur billigend in Kauf nahm, ist bis heute sehr umstritten. Klar ist, dass Bismarck kein Fanatiker wie Hitler war, der gesetzte Ziele um jeden Preis und mit allen Mitteln durchsetzen wollte. Es liegt in der Natur der Sache, dass das Handeln eines klugen Taktierers, wie Bismarck es zweifellos war, nicht so eindeutig zu beurteilen ist. Der Interpretation bietet sich, wie bei einem fein austarierten Theaterstück, ein breiter Spielraum.

Jedenfalls bot sich schließlich zumindest die Gelegenheit, die innenpolitische Stagnation durch eine äußere Krise zu überwinden: 1869/1870 kandidierte Prinz Leopold von Hohenzollern-Sigmaringen aus der katholischen Linie der in Preußen regierenden Hohenzollern für den spanischen Königsthron.

In Spanien war das alte Fürstenhaus 1868 durch einen Militärputsch, unterstützt von Teilen des Volkes, gestürzt worden. Nun suchte man einen neuen Monarchen – und das erwies sich als nicht gerade unproblematisch. Mehr als ein Jahr verging, bis sich der spanische Militärherrscher Prim an die Sigmaringer Hohenzollern wandte.

Bismarck empfahl der Familie, die Kandidatur anzunehmen. Weshalb er das tat, ist unklar. Die Quellen lassen sich unterschiedlich deuten. Möglicherweise war die Aktion nur eine Art Lackmustest für die französisch-(nord)deutschen Beziehungen. Ebenso ist denkbar – und diese Ansicht wird von nicht wenigen Historikern vertreten –, dass Bismarck Napoleon III. in eine Falle locken wollte, um einen Krieg zu provozieren und zugleich listig Frankreich als Aggressor dastehen zu lassen.

Sicher ist: In Frankreich befürchtete man nun, künftig von hohenzollernschen Staaten eingekreist zu werden. Dass diese Befürchtung begründet war, kann man bezweifeln, da von einem Automatismus einer Solidarität zwischen den entfernten und konfessionsverschiedenen Linien des Hauses kaum auszugehen war. Andererseits kann dieser Ansatz, dass Frankreich ruhig auch einmal zwischen Bündnispartnern eingeklemmt sein dürfe, durchaus Bismarcks Absicht gewesen sein, als er zur Kandidatur riet. Schließlich war die Furcht vor der Zweifrontensituation eine Konstante bismarckschen Denkens.

Wie dem auch sei: Paris protestierte gegen die Kandidatur, und zwar ohne diplomatische Vorsicht mit einer kaum verhüllten Kriegsdrohung – und die Hohenzollern gaben nach. Damit schien die Krise entschärft. Vor allem aber stand Paris als Sieger des diplomatischen Scharmützels dar. Dabei hätte man es vorerst bewenden lassen können.

Doch die Franzosen setzten nach: Das Haus Hohenzollern solle auch in Zukunft auf ähnliche Kandidaturen verzichten, und diesen Verzicht solle niemand anders als der preußische König persönlich erklären. Der Grund: In der Verzichtserklärung war der preußische Name aus dem Spiel geblieben, um den diplomatischen Schaden zu begrenzen.

Das Nachtreten der Regierung um Napoleon bedeutete eine aus realpolitischer Sicht nicht notwendige Verschärfung der diplomatischen Situation. Schon der Protest gegen die eigentliche Kandidatur, so verständlich er in der Sache gewesen sein mag, war übertrieben scharf, ja säbelrasslerisch gewesen. Frankreichs Regierung wollte nicht unbedingt einen Krieg, aber sicherlich den Parvenü Preußen in die Schranken weisen, und zwar am liebsten gleich dauerhaft. Das jedoch erwies sich als Wunschdenken.

Der König informierte Bismarck darüber in der berühmten Emser Depesche, vermittelt durch dessen Mitarbeiter Abeken. Was Bismarck nun tat, gilt nach verbreiteter Auffassung mindestens als das Aufnehmen eines Fehdehandschuhs, wenn nicht als deutlich mehr: Er redigierte die Depesche so, dass ihr Tenor verschärft wurde und gab sie dann an die Presse weiter. Napoleon III. war damit vor aller Welt brüskiert worden.

Zu dieser Auffassung hat Bismarck selbst durch die Art, wie er über sein Verhalten in seinen Erinnerungen berichtet, beigetragen. Er erzählt nicht ohne Süffisanz, wie er zunächst das Original und dann seine Version den anwesenden Roon und Moltke vorgelesen habe: Sofort sei die Stimmung Roons und Moltkes von Niedergeschlagenheit in lebhafte Freude umgeschlagen. Bismarck erläuterte seinen Gästen angeblich, dass die sofortige Veröffentlichung seiner Version »den Eindruck des roten Tuches auf den gallischen Stier machen« würde, der nun losschlagen müsse und dann als Angreifer dastehe.

Aber war es wirklich so abgelaufen? Was es wirklich Bismarcks, des früheren Zeitungsmannes, Redaktion, die das Fass zum Überlaufen brachte? Man muss sich darüber klar sein, dass Bismarcks Zeitgenossen und Leser großenteils anders über Krieg und Kriegsgründe dachten, als es heute weitgehend Konsens ist. Weil Krieg als ultima ratio damals eher und aus anderen Gründen akzeptiert wurde, hatte Bismarck sogar Interesse daran, als entscheidender Provokateur dazustehen, vor allem mit dem Wissen um den späteren Triumph im Hintergrund.

Sieht man sich die beiden Versionen aber einmal ganz unvoreingenommen und ohne Rücksicht auf den historischen Mythos um die Depesche an, ist die Sache nicht mehr so eindeutig.

Hier das ursprüngliche Schreiben:

Seine Majestät der König schreibt mir:

Graf Benedetti fing mich auf der Promenade ab, um auf zuletzt sehr zudringliche Art von mir zu verlangen, ich sollte ihn autorisiren, sofort zu telegraphiren, dass ich für alle Zukunft mich verpflichtete, niemals wieder meine Zustimmung zu geben, wenn die Hohenzollern auf ihre Candidatur zurückkämen.

Ich wies ihn zuletzt, etwas ernst, zurück, da man à tout jamais dergleichen Engagements nicht nehmen dürfe noch könne.

Natürlich sagte ich ihm, dass ich noch nichts erhalten hätte und da er über Paris und Madrid früher benachrichtigt sei als ich, er wohl einsähe, dass mein Gouvernement wiederum außer Spiel sei.

Seine Majestät hat seitdem ein Schreiben des Fürsten bekommen.

Da Seine Majestät dem Grafen Benedetti gesagt, dass er Nachricht vom Fürsten erwarte, hat Allerhöchstderselbe, mit Rücksicht auf die obige Zumuthung, auf des Grafen Eulenburg und meinen Vortrag, beschlossen, den Grafen Benedetti nicht mehr zu empfangen, sondern ihm nur durch einen Adjutanten sagen zu lassen: dass Seine Majestät jetzt vom Fürsten die Bestätigung der Nachricht erhalten, die Benedetti aus Paris schon gehabt, und dem Botschafter nichts weiter zu sagen habe.

Seine Majestät stellt Eurer Excellenz anheim, ob nicht die neue Forderung Benedettis und ihre Zurückweisung sogleich, sowohl unsern Gesandten, als in der Presse mitgeteilt werden sollte.

Und Bismarcks Version:

Nachdem die Nachrichten von der Entsagung des Erbprinzen von Hohenzollern der Kaiserlich Französischen Regierung von der Königlich Spanischen amtlich mitgeteilt worden sind, hat der Französische Botschafter in Ems an S. Maj. den König noch die Forderung gestellt, ihn zu autorisieren, dass er nach Paris telegraphiere, dass S. Maj. der König sich für alle Zukunft verpflichte, niemals wieder seine Zustimmung zu geben, wenn die Hohenzollern auf ihre Kandidatur wieder zurückkommen sollten.

Seine Maj. der König hat es darauf abgelehnt, den Franz. Botschafter nochmals zu empfangen, und demselben durch den Adjutanten vom Dienst sagen lassen, dass S. Majestät dem Botschafter nichts weiter mitzuteilen habe.

Sicher: Aus dieser neuen Fassung ging nicht mehr hervor, dass König Wilhelm I. eine Unterredung mit dem französischen Botschafter gehabt und ihm seine Ablehnung erläutert hatte; lediglich die französische Forderung und die Verweigerung einer weiteren Audienz wurden in knappen Worten berichtet. Auch fehlt das zurückhaltende »dass mein Gouvernement wiederum außer Spiel sei«.

Aber ist es wirklich so, dass, wie häufig zu lesen, durch diese Kürzungen die Meldung leicht den Eindruck erwecken konnte, Benedetti sei in Bad Ems in ungebührender Weise aufgetreten? Es darf bezweifelt werden. In Bismarcks Version fehlt nämlich gerade die auf Benedetti gemünzte »zudringliche Art« und auch das nicht unwichtige, weil undiplomatische, ja ultimative »sofort«. Warum hätte sich Bismarck, wenn er so unbedingt provozieren wollte, diese Ausdrücke entgehen lassen sollen? Hat der alte, entmachtete Mann sich hier in seinen Memoiren eine Rolle zugesprochen, die ihm in dieser Intensität gar nicht zukam? Wie gesagt, Bismarck hatte durchaus Interesse daran, als geschickter Provokateur zu gelten, weil der gewonnene Krieg zu jener Zeit – im wilhelminischen Deutschland – als ungeheures Ruhmesblatt galt. Es ist eine Ironie der Geschichte, dass nach dem Zweiten Weltkrieg gerade diese Selbststilisierung Bismarcks zur Grundlage für eine historische Auffassung wurde, in der der erste Reichskanzler als Mitverantwortlicher für die militaristische Mentalität der Deutschen denunziert wurde.

Was wäre gewesen, wenn Preußen den Krieg verloren hätte? Bismarck hätte auf die Anekdote mit der redaktionellen Bearbeitung, die die beiden Generäle angeblich so freudig gestimmt haben soll, sehr wahrscheinlich verzichtet. Im Übrigen ist das Zuspitzen einer Meldung im Grunde schlicht journalistisches Handwerk – Bismarck war ja zeitungserfahren.

Richtig ist natürlich, dass die Weitergabe an die Presse, die von Wilhelm allerdings ausdrücklich erlaubt, im Grunde sogar diskret vorgeschlagen worden war, die diplomatische Fehde verschärfte. Aber es kamen noch Dinge hinzu, für die Bismarck gar nichts konnte.

Die französische Nachrichtenagentur Havas hat in ihrer Übersetzung nämlich die Depesche weiter verschärft, so wurde der »Adjutant«, anstatt korrekt mit dementsprechend hochgestellten »aide de camp« zu übersetzen, wörtlich als »adjudant« übernommen, womit jedoch im Französischen üblicherweise ein niederrangiger Militär bezeichnet wird. Das Abbrechen der Verhandlung, übermittelt durch eine Art Dienstboten? Das musste den Franzosen in der Tat als unverschämt erscheinen. Somit ist die Verschärfung zumindest nicht allein Bismarcks Werk. Rechnet man den oben genannten Aspekt hinzu, muss man ernsthaft die Frage stellen, ob Bismarcks Redaktion der Emser Depesche mehr Teil des Bismarck-Mythos als eindeutige historische Realität ist.

Lediglich die Weitergabe an die Presse hat eindeutig zur Eskalation beigetragen, weil die französische Regierung die Angelegenheit nicht mehr unter der Hand regeln konnte. Das war allerdings kein besonders raffiniertes Handeln Bismarcks, sondern eher eine brüske Skandalisierung, und der Gedanke war nicht einmal von ihm.

Nun stand die Regierung in Paris allerdings unter Druck. Mit Hinweisen auf »Missverständnisse« oder redaktionelle »Fehler« war der nationale Stolz nicht zu besänftigen, es geschah, womit Bismarck mit Sicherheit gerechnet, worauf er wohl auch gesetzt hatte: Frankreich erklärte den Krieg, und zwar mit breiter parlamentarischer Unterstützung. Es ist Ansichtssache, ob Bismarck dies ausgeheckt hat oder es lediglich nachträglich so stilisierte. Zweifellos jedoch trat die Wirkung ein: Frankreich wurde nicht nur in Preußen, sondern auch in Süddeutschland und selbst in England als Aggressor angesehen. Und das nicht ganz zu Unrecht: Was wäre die Welt, wenn Regierungen auf jede diplomatische Fehde, jede Brüskierung mit einem Krieg antworten würden?

Zudem beruhte die französische Entscheidung auf einer Überschätzung der eigenen militärischen Stärke. Nicht, dass man völlig überheblich gewesen wäre. Doch einem offensichtlich überlegenen Gegner hätte man wegen einer solchen im Grunde nur atmosphärischen Missstimmung wegen niemals den Krieg erklärt.

Preußen gegenüber sah man aber nun die Gelegenheit, den Emporkömmling zu besiegen, bevor er zu stark wurde. Im Norddeutschen Bund wuchs sowohl die Bevölkerung als auch die Wirtschaft, während sich Frankreich zwar industriell entwickelte, die Bevölkerung aber eher stagnierte. Auch der Misserfolg des Mexiko-Unternehmens setzte Napoleon unter Druck.

Hinzu kam, dass Napoleon nicht damit rechnete, dass die süddeutschen Länder sich auf die Seite des Norddeutschen Bundes stellen würden. Doch genau das taten sie: Man sah den Bündnisfall als gegeben an – Bismarcks Schutz- und Trutzbündnisse zeigten ihre Wirkung. Die französischen Truppen waren nur anfangs zahlenmäßig überlegen, die deutschen Verbündeten mobilisierten im Kriegsverlauf weitaus mehr Kämpfer. Das übrige Europa blieb neutral: Man gab eher Frankreich die Schuld, hatte zugleich weder an einem deutschen noch an einem französischen Erfolg sonderliches Interesse.

Napoleon III. und Otto von Bismarck nach der Schlacht von Sedan

Napoleons Truppen wurden im Spätsommer 1870 binnen weniger Wochen besiegt, der Kaiser bei Sedan gefangengenommen. Es bildete sich die Dritte Republik, die den Krieg fortsetzte, übrigens durchaus nicht ohne Aussicht auf Erfolg; so konnte die neue Regierung die Truppe wieder verstärken. Es bildeten sich zudem irreguläre Guerilla-Truppen, die von den Deutschen mit Bismarcks Wohlwollen hart bekämpft wurden. Dass Frankreich aber im Februar 1871 den Vorfrieden von Versailles schloss, hatte neben der militärischen Lage auch innenpolitische Gründe. Es hatte sich eine harte Konfliktlinie zwischen Monarchisten und teils sozialistischen Republikanern gebildet. Die Monarchisten wollten Frieden mit Deutschland, um anschließend die Linken bekämpfen zu können – was mit der Niederschlagung der Pariser Commune unter den Augen der deutschen Truppen auch geschah.

Jedenfalls musste Frankreich einen hohen Preis bezahlen. Die Kriegsentschädigung betrug fünf Milliarden Francs. Außerdem musste die Grande Nation das Elsaß und einen Teil Lothringens abtreten. Damit war die Erbfeinschaft Frankreichs zum neuen Deutschen Reich begründet. Bismarck selbst begründete die harte Politik:

Wir stehen heute im Felde gegen den 12. oder 15. Überfall und Eroberungskrieg, den Frankreich seit 200 Jahren gegen Deutschland ausführt. 1814 und 1815 suchte man Bürgschaften gegen Wiederholung dieser Friedensstörungen in der schonenden Behandlung Frankreichs. Die Gefahr liegt aber in der unheilbaren Herrschsucht und Anmaßung, welche dem französischen Volkscharakter eigen ist und sich von jedem Herrscher des Landes zum Angriff auf friedliche Nachbarstaaten missbrauchen lässt. [...] Wir können nicht immer auf eine außerordentliche Erhebung des Volkes rechnen und der Nation nicht ansinnen, stets das Opfer so starker Rüstung zu tragen. Wenn die Entwaffnungstheorie in England ehrliche Anhänger hat, so müssen dieselben wünschen, dass die nächsten Nachbarn Frankreichs gegen diesen alleinigen Friedensstörer Europas mehr als bisher gesichert werden. Dass in den Franzosen dadurch eine Bitterkeit geweckt werde, kann dagegen nicht in Betracht kommen. Diese Bitterkeit wird ganz in demselben Maße stattfinden, wenn sie ohne Landabtretung aus dem Kriege herauskommen. Wir haben Österreich, wesentlich aus jener Rücksicht, keine Gebietsabtretungen angesonnen, haben wir irgendeinen Dank davon gehabt? Schon unser Sieg bei Sadowa hat Bitterkeit in den Franzosen geweckt; wie viel mehr wird es unser Sieg über sie selbst tun! [...] Die einzig richtige Politik ist unter solchen Umständen, einen Feind, den man nicht zum aufrichtigen Freunde gewinnen kann, wenigstens etwas unschädlicher zu machen und uns mehr gegen ihn zu sichern, wozu nicht die Schleifung seiner uns bedrohenden Festungen, sondern nur die Abtretung einiger derselben genügt.

Diese Rede verdient nähere Betrachtung. Zum einen appelliert Bismarck an die das Jahrhundert durchziehende alte Furcht der Deutschen vor dem westlichen Nachbarn, der ja immer wieder die deutsche Uneinigkeit für sich zu nutzen verstand. Der Perspektivenwechsel, dass künftig in Europa Deutschland als gefährliche Macht angesehen werden würde, war noch nicht vollzogen. Besonders fällt jedoch die – offensichtlich rhetorisch gemeinte – Frage nach der Haltung Wiens auf. Beantwortet man sie entgegen Bismarcks Intention, kann man durchaus sagen, dass sich die Milde bezahlt gemacht hatte: Entgegen Napoleons fester Überzeugung war Österreich im Krieg neutral geblieben. Das war vermutlich mit entscheidend für den deutschen Sieg.

Warum ignorierte Bismarck diesen Zusammenhang? Hatte er von Wien gar Unterstützung erwartet? Das wäre naiv gewesen. Wahrscheinlicher ist, dass Bismarck lediglich ein Nebenargument angeführt hatte, um seine aus anderen Gründen gewonnene harte Haltung rhetorisch zu stützen. Zum einen war Bismarck von der Durchhaltekraft der Franzosen überrascht gewesen. Als Vertreter einer monarchistisch-bürokratischen Weltanschauung hätte er erwartet, dass sich Frankreich nach Sedan und der Gefangennahme ihres Regenten geschlagen geben würde. Als dies nicht geschah, schrieb er dies einem vermeintlich unveränderbaren nationalistischen und überheblichen Charakter der Franzosen zu, der unfähig sei, die Niederlage gegen das angeblich kulturell unterlegene Volk im Osten einzugestehen. Tatsächlich hatte aber gerade die deutsche Forderung nach der Abtretung Elsaß-Lothringens einen schnellen Friedensschluss verhindert. Zum anderen stand Bismarck auch innenpolitisch unter Druck. Das deutsche Volk war im Siegesrausch, Gebietsabtretungen wurden von den meisten erwartet. 1866 hatte Bismarck gegenüber den preußischen Militärs und dem Monarchen Mühe gehabt, Mäßigung durchzusetzen, im Volk kam es hingegen gut an, dass der ungeliebte »Bruderkrieg« schnell und ohne allzu große Härte zu Ende ging. 1871 war die Situation eine andere: Bismarck wäre auf wenig Verständnis gestoßen.

Allerdings wäre es eine Alternative gewesen, die Abtretung gemäß der sprachlichen Grenze zu beschränken, das wäre von

Frankreich vielleicht irgendwann als natürlich akzeptiert worden. So geschah es aber nicht, es kamen auch eindeutig französischsprachige Gebiete ans Deutsche Reich, aus wirtschaftlichen (Industrie) und militärischen Gründen. Die psychologische Demütigung der Franzosen durch die Kaiserproklamation in Versailles tat ein Übriges. Zwar haben auch Bismarck-Gegner wie der Linksliberale Ludwig Bamberger, ein Frankreich-Kenner, gelegentlich gesagt, dass die bloße Tatsache, dass die Deutschen »Sieger gewesen«, genügt hätte, »das Rachebedürfnis lebendig zu erhalten« (Hinweis von Kolb). Aber zum einen war auch bei eher linken Deutschen jener Zeit das Bedürfnis, sich als Patriot zu zeigen, oftmals stärker als die Bismarck-Kritik. Auch eher Linke waren für Eroberungen gewesen und standen insofern unter einem ähnlichen Rechtfertigungsdruck wie Bismarck selbst. Kein Wunder, dass sie seine Argumente übernahmen. Und zum anderen sind solche Aussagen spekulativ, sie unterstellen den Franzosen einen unabänderlichen Nationalcharakter – Gedankengut, das als prinzipiell widerlegt gelten muss. Es mag sein, dass die Spekulation Bambergers in diesem speziellen Fall vielleicht sogar richtig war, aber ohne Kompromissbereitschaft, wie sie sich in einer vorsichtigeren Grenzziehung geäußert hätte, war eine Mäßigung der Franzosen, gerade wenn man ihnen solch einen Charakter unterstellte, erst recht nicht zu erwarten. Umgekehrt gilt: Geht man von einem offeneren Menschenbild aus, wird klar, dass eine weniger aggressive Gebietspolitik die Grundlage für eine Annäherung zwischen Deutschen und Franzosen hätte sein können, nicht direkt nach dem Krieg, aber in den Jahrzehnten danach.

Auch wenn Bismarcks Überlegungen in sich plausibel gewesen sein mögen (man kann es bestreiten), aus der zugegebenermaßen bequemen – aber objektiven – historischen Rückschau war die Gebietspolitik ein Fehler: Der französische Revanchismus wurde durch die kompromisslose Grenzziehung dauerhaft am Leben erhalten und hatte Erfolg – mit langer Verspätung und unter grauenhaften Opfern im Ersten Weltkrieg.

Nun ist 1914 natürlich nicht Bismarck direkt anzulasten, das wäre historischer Unsinn. Unstreitig ist aber: Langfristig wurden die deutsch-französischen Beziehungen durch die Elsaß-Lothringen-Frage schwerstens belastet. Das machte – ganz nüchtern strategisch gesehen – die wenigen gewonnenen Festungen im Negativen mehr als wett. Die Folge: Die dauerhafte Schwächung, am besten Isolierung Frankreichs wurde zu einem, ja zu *dem* zentralen Ziel der Bismarckschen Außenpolitik. Zuvor konnte Bismarck den größten Triumph seiner Karriere feiern.

Die Kaiserproklamation

Anton von Werner: Proklamation Kaiser Wilhelms I. (Gründung des Deutschen Reichs), am 18. Januar 1871 u. a. mit Bismarck (in weißer Uniform) im Spiegelsaal von Versailles. (Dritte und einzig erhaltene Fassung des Gemäldes, heute in Friedrichsruh.)

Der Krieg hatte den Befürwortern der deutschen Vereinigung auch in Süddeutschland Schub gegeben und die Gegner in die Defensive gedrängt. Seit Oktober 1870 verhandelte Bismarck – während der andauernden Belagerung von Paris – in Versailles mit den Delegationen der süddeutschen Länder. Mit einem Bündnis der deutschen Fürsten und freien Städte sollte durchaus auch weitergehenden Wünschen des nationalen Lagers begegnet werden.

Bei den Verhandlungen verzichtete Bismarck entgegen den Vorstellungen anderer preußischer Politiker auf direkten Druck und argumentierte stattdessen mit den Vorteilen eines solchen Zusammenschlusses. Insgesamt setzte er seine Vorstellungen durch, doch die Verhandlungen waren langwierig. Die Verfassung des Norddeutschen Bundes musste aber nur geringfügig modifiziert werden.

Als Erste erklärten Baden und Hessen-Darmstadt ihren Beitritt zum Norddeutschen Bund. Württemberg und Bayern machten den Weg zur Gründung des Deutschen Reiches frei, nachdem ihnen Reservatsrechte zum Beispiel im Militär- und Steuerwesen zugebilligt worden waren. Bismarck selbst verfasste den »Kaiserbrief«, mit dem Ludwig II. von Bayern Wilhelm I. um die Annahme der Kaiserkrone bat. Und nicht nur das: Er bestach den verschwendungssüchtigen und an Geldproblemen laborierenden Ludwig regelrecht – mit Mitteln aus dem Welfenfonds. Nur mit Mühe gelang es ihm unterdessen, König Wilhelm zur Annahme des Kaisertitels zu bewegen. Dieser befürchtete einen Bedeutungsverlust des preußischen Königtums. Am Vorabend der »Kaiserproklamation« sprach er die berühmten Worte: »Morgen ist der unglücklichste Tag meines Lebens! Da tragen wir das preußische Königtum zu Grabe.«

Dass die Proklamation gerade in Versailles stattfand, ergab sich zwar in gewisser Weise aus den Umständen, unbedingt notwendig war diese Geste jedoch sicher nicht, sie wurde von den Franzosen als zusätzliche Demütigung empfunden. 1918 griff das siegreiche Frankreich mit dem Versailler Diktatfrieden bewusst darauf zurück. 1940 geschah noch einmal das gleiche Theater, man kann es kopfschüttelnd als absurd bezeichnen, doch damals war es real. Zwischenzeitlich hatten sich in der Weimarer Zeit Stresemann und Briand um Annäherung bemüht, doch erst Adenauer und de Gaulle gelang eine nachhaltige Verständigung und das Ende der elenden Abfolge wechselseitiger Demütigungen.

Die Proklamation bedeutete die Gründung des Deutschen Kaiserreichs unter preußischer Führung. Wenige Tage später kapitulierte Paris. Der Deutsch-Französische Krieg endete am 10. Mai 1871 mit dem Frieden von Frankfurt. Bismarck hatte nun den Höhepunkt seiner politischen Laufbahn erreicht. Er wurde in den

Fürstenstand erhoben; und Wilhelm I. machte ihm den Sachsenwald in der Nähe Hamburgs zum Geschenk. Bismarck gehörte nunmehr zu den großen Grundbesitzern des Reiches. Er, der einstige Casino-Bankrotteur, war nun, auch dank der geschickten Verwaltung seiner Gelder durch seinen Bankier Gerson Bleichröder, ein reicher Mann. Bismarck erwarb ein ehemaliges Hotel in Friedrichsruh im Sachsenwald und ließ es umbauen. Nach 1871 wurde Friedrichsruh zum Mittelpunkt seines Privatlebens. Er zog sich oft dorthin zurück.

Die Gründung des Deutschen Kaiserreichs bedeutete zugleich das endgültige Ausscheiden der lange von vielen erhofften »großdeutschen« Variante. Politisch war dieser seit 1866 unausweichliche Einschnitt insofern gar nicht so radikal, als es Bismarck gelang, Wien in sein Bündnissystem zu integrieren. Doch kulturgeschichtlich stellt sich seither immer wieder die Frage nach der Kontinuität einer wie auch immer verstandenen deutschen Kulturnation. Friedrich Nietzsche zum Beispiel meinte in jenen Jahren, das neue Reich habe nicht das Recht, die Leistungen etwa der Wiener Klassik für sich zu beanspruchen.

Als Reichskanzler

Bismarck war mit einer Ämterfülle ausgestattet, die ihn in die Nähe eines Autokraten brachte: Reichskanzler, Vorsitzender des Bundesrates, preußischer Ministerpräsident und Außenminister. Darüber hinaus konnte er auf seine Autorität als »Gründer des Reiches« zurückgreifen. Zwar blieb er grundsätzlich dem Kaiser verpflichtet, der ihn an und für sich jederzeit abberufen konnte. Doch seine Expertise und sein Prestige wogen auch gegenüber Wilhelm I. so schwer, dass Bismarck seinen Willen gegenüber dem Kaiser in aller Regel durchsetzen konnte. Wilhelms Bonmot »Es ist nicht leicht, unter einem solchen Kanzler Kaiser zu sein« gilt als authentisch. Weniger bekannt ist, dass ihm mit Kaiserin Augusta eine ernstzunehmende und erbitterte Feindin geblieben war, die sogar mit dem französischen Botschafter und mit Bismarcks innenpolitischem Intimfeind Windthorst konferiert haben soll.

Gekrönte Gegenspielerin: Kaiserin Augusta, Gemälde von Franz Xaver Winterhalter

Wenn es im Bismarck-Reich eine Gewaltenteilung gab – und das ist trotz des häufig zu vernehmenden Ausdrucks »Kanzlerdiktatur« zu bejahen –, lag dies zum einen am nicht zu unterschätzenden Reichstag, zum anderen am Hof – vor allem in der Gestalt von Augusta. Bismarck sagte selbst in seinen Memoiren sinngemäß, dass ihm Machtbeschränkungen durch Parlamente und Presse lieber waren als Einflüsterungen von »Weibern« bei Hofe. Es dürfte klar sein, wer da in erster Linie gemeint war. Mit ihrem Pazifismus hatte sie sich in den Einigungskriegen nicht durchgesetzt, aber ihr Einfluss blieb spürbar. Sie war 14 Jahre jünger als ihr bei der Kaiserproklamation schon recht alter Gemahl, wachsam, politisch und sozial engagiert. Bismarck hetzte Zeitungen gegen Augusta auf und schrieb später, dass der »Einfluß dieser hohen Frau auch in den Zeiten, wo sie Königin und Kaiserin war, mir die Durchführung der von mir für nothwendig erkannten Politik bei Sr. Majestät häufig erschwert hat.« Die Aussage ist glaubwürdig, es war nicht in Bismarcks Interesse, Augusta stärker erscheinen zu lassen, als sie war.

Bismarck war nun also auf dem Höhepunkt seiner Macht und seines Ansehens angelangt. Auch im Ausland galt er als großer Politiker. Die kritische Sicht auf sein Lebenswerk machte sich, außer in Frankreich, erst seit dem Ersten Weltkrieg breit. Selbst Lenin sah in der deutschen Einheit eine historische Zwangsläufigkeit und meinte, wenn sie nicht anders gelingen konnte, musste sie schließlich durch Junkerhand kommen. Hinter dieser dialektischen Analyse verbirgt sich auch Bewunderung für die Durchsetzungskraft des so gegensätzlichen Politikers.

Aber wie bei so vielen zeit ihres Lebens außerordentlich erfolgreichen Menschen hatte dieser Gipfelrausch seine Kehrseite: So stark Bismarcks Leidenschaft für die Politik und der Wille zur Macht auch war, so deutlich sehnte er sich phasenweise nach einer Befreiung von dieser Last. Schon 1872 gestand er: »Mein Öl ist verbraucht, ich kann nicht mehr.« Bismarck war in all den

Jahren seiner Kanzlerschaft nicht nur psychisch belastet, sondern auch körperlich stark angeschlagen. Immer öfter musste er sich deswegen teilweise für Monate auf seine Güter zurückziehen. Bismarck trank und – man muss es so deutlich sagen – fraß den Stress regelrecht in sich hinein. Er wurde immer dicker und brachte es 1879 auf nicht weniger als 247 Pfund. Zwar galt damals für Männer von Stand eine gewisse Korpulenz als angemessen, aber nicht in diesem Maße. Sehr gesund war er ohnehin nie gewesen, doch die falsche Lebensweise, das zunehmende Alter und der chronische Stress des Politiksüchtigen, der weiterhin keine scharfe Auseinandersetzung scheute, kamen zusammen. Schon zum Frühstück gab es Steaks und Wein. Er litt unter zahlreichen Krankheiten, viele davon chronisch: Rheuma, Verdauungsstörungen, Venenentzündungen, Gesichtsschmerzen und vor allem Schlaflosigkeit – wahrscheinlich hervorgerufen durch Völlerei. Anscheinend blieb es nicht beim starken Konsum von Alkohol und Tabak: So erzählte die Baronin Hildegard von Spitzemberg, Bismarck habe auch Morphium genommen. Erst Ernst Schweninger – sein neuer bayerischer Arzt – konnte ihn in den 1880er Jahren zu einer einigermaßen gesunden Lebensweise überreden. Es gelang ihm abzunehmen, die Beschwerden ließen nach. Das Bild vom »eisernen Kanzler« ist aber in Wirklichkeit eine nach außen gepflegte nationale Legende. Nach heutigen Psychosprech-Kriterien würde man eher von einer bipolaren Persönlichkeit mit Workaholic- und Burnout-Phasen reden.

Auch das private Leben Bismarcks war nicht frei von schweren Konflikten: Als sein Sohn Herbert von Bismarck 1881 die geschiedene Fürstin Elisabeth zu Carolath-Beuthen heiraten wollte – eine Katholikin, die mit zahlreichen Bismarck-Gegnern verwandt und verschwägert war –, drohte Bismarck ihm erst mit Enterbung, dann sogar mit Selbstmord. Herbert fügte sich dem Übervater, war seither aber ein verbitterter Mann. Es war, als habe Bismarck den patriarchalischen Rat des Konfuzius befolgt, dass derjenige, der sein Land in Ordnung bringen wolle, erst seine Familie in Ordnung bringen müsse.

Im privaten Bereich konnte er sich durchsetzen, in der Politik gelang ihm dies trotz seiner starken Stellung nicht immer, vor allem nicht in der Innenpolitik. Und es wurde mit der Zeit einsam um den alternden Kanzler. Schon 1873 prophezeite er sich eine schwere Zukunft: »Im Amte aber wird es einsam um mich sein, je länger, je mehr; die alten Freunde sterben oder werden Feinde, und neue erwirbt man nicht mehr.«

Das nicht ganz »saturierte« Reich: Bismarcks Außenpolitik

Die deutsche Reichsgründung war für die europäischen Machtverhältnisse ein ungeheurer Einschnitt. Das neue, große Reich schien nicht in die Hierarchie zwischen den Großmächten zu passen, die sich in den letzten hundert Jahren herausgebildet hatte. Daher galt das Deutsche Reich als Störenfried, und zwar ohne dass es dafür eines besonderen Anlasses bedurft hätte.

Nach einem längeren Lernprozess sah Bismarck ein, dass das allgemeine Misstrauen der übrigen Staaten gegenüber Deutschland nur durch Selbstbeschränkung und den Verzicht auf weitere territoriale Gewinne abgebaut werden konnte. Er versicherte daher, dass das Reich saturiert (gesättigt) sei. »Wir verfolgen keine Macht-, sondern eine Sicherheitspolitik«, bekräftigte er 1874.

Ein Grundziel von Bismarcks Außenpolitik blieb es, Frankreich zu schwächen, denn mit einer Aussöhnung rechnete er nicht und bemühte sich auch nicht um sie. Stattdessen setzte er auf gute Beziehungen zu Österreich und zu Russland, zumindest anfänglich mit Erfolg. Ergebnis dieser Strategie war das Dreikaiserabkommen von 1873. Bismarck bemühte sich nicht nur um Allianzen für das Deutsche Reich; er versuchte auch, Frankreich vollständig zu isolieren.

Dazu gehörte interessanterweise auch, dass der eingefleischte Monarchist Bismarck wollte, dass Frankreich eine Republik bleibt. Denn die anderen großen Mächte Europas waren allesamt noch Monarchien, wenn auch mit starken Unterschieden in der Verfassung. Es kam zu einem scharfen Streit mit dem deutschen Botschafter in Paris, der sich für die Wiedereinführung der Monarchie in Frankreich einsetzte. Bismarck lehnte das strikt ab, die Republik sollte weiter schön allein dastehen: »Unser Bedürfnis ist, von Frankreich in Ruhe gelassen zu werden und zu verhüten, dass

Frankreich, wenn es uns den Frieden nicht halten will, Bundesgenossen finde. Solange es solche nicht hat, ist uns Frankreich nicht gefährlich, und solange die großen Monarchien Europas zusammenhalten, ist ihnen keine Republik gefährlich.«

Genau diese Vorstellung, dass die »großen Monarchien Europas zusammenhalten«, erwies sich jedoch als zunehmend problematisch, ja unrealistisch. Bismarck konnte zwar Bündnisse schmieden – jedoch zu glauben, dass diese wegen der Regierungsform dauerhaft beständig seien, war Wunschdenken eines alternden Konservativen.

Wie schwierig und gefährlich es für Deutschland in Wirklichkeit war, seine neue Position auf Kosten Frankreichs zu festigen, zeigte bereits 1875 die »Krieg-in-Sicht-Krise«. Frankreich hatte die Friedenspräsenzstärke seiner Streitkräfte heraufgesetzt. Daraufhin druckte eine deutsche Zeitung die Schlagzeile »Ist der Krieg in Sicht?« Es ist Bismarck unterstellt worden, er habe – ähnlich wie weiland mit der Emser Depesche – die Presse aufgehetzt, um einen Krieg anzuzetteln.

Bewiesen wurde das nicht. Allerdings hatte er auch nichts gegen eine aggressive Reaktion der Zeitungen unternommen. Jedenfalls gilt: Falls Bismarck beabsichtigte, eine deutsche Hegemonialpolitik gegenüber Frankreich durchzusetzen, müsste man sagen: Er scheiterte kläglich.

Auch wenn Bismarck dem wiedererstarkten Frankreich lediglich drohen wollte und wohl keinen Krieg beabsichtigte, war die Krise für ihn auf schmerzliche Weise lehrreich. Sie zeigte, dass eine Annäherung zwischen Frankreich und Russland trotz der gegensätzlichen Regierungsformen nicht grundsätzlich ausgeschlossen war: Es zeigte sich wieder die Horrorvorstellung des Zweifrontenkriegs. Die Möglichkeit eines Bündnisses zwischen diesen beiden Mächten bereitete ihm für den langen Rest seiner Amtszeit immer wieder Sorge. Aber auch Großbritannien hatte deutlich gemacht, dass es einen weiteren Machtzuwachs Deutschlands nicht akzeptieren werde, und trat für das anscheinend bedrohte Frankreich ein.

Hier zeigte sich wieder das Prinzip der britischen Außenpolitik, dass keine Kontinentalmacht zu stark werden dürfe, weil sonst Gefahr für das Empire bestehe. Im Zweifelsfall arbeiteten die europäischen Flügelmächte zusammen, um eine Störung des machtpolitischen Gleichgewichts zu verhindern. In diesem Fall war der außenpolitisch so erfolggewohnte Bismarck der international Blamierte.

Vor allem aus der Krieg-in-Sicht-Krise zog Bismarck nunmehr den Schluss, dass für das Reich eine defensive Politik die einzige vernünftige Alternative sei. Durch seine Lage in der Mitte Europas drohte Deutschland, in einen großen europäischen Krieg zu geraten. Bismarck entwickelte daher ein diplomatisches Konzept, das darauf abzielte, die Spannungen zwischen den Großmächten an die Ränder des Kontinents zu verlagern, um so die Mitte Europas vor Kriegen zu bewahren.

Zum ersten Mal zum Tragen kam dieses Konzept bei der Balkankrise zwischen 1875 und 1878. Bismarck förderte dabei einerseits die Spannungen zwischen den Mächten, verhinderte aber gleichzeitig, dass die Konflikte außer Kontrolle gerieten. Seine außenpolitische Strategie fasste er 1877 im Kissinger Diktat zusammen. Dabei ging er von »einer politischen Gesamtsituation aus, in welcher alle Mächte außer Frankreich unser bedürfen, und von Koalitionen gegen uns durch ihre Beziehungen zueinander nach Möglichkeit abgehalten werden.«

Bismarcks Strategie war lange Zeit im Wesentlichen erfolgreich, Frankreich blieb tatsächlich weitgehend isoliert. Doch das Bündnissystem war zugleich immer fragil, mit Ausnahme der Beziehung zu Wien. Diese aber war für sich allein kein Garant gegen einen Krieg, insbesondere auch nicht gegen einen an zwei Fronten.

Während des Berliner Kongresses zur Beendigung der Balkankrise präsentierte sich Bismarck 1878 als »ehrlicher Makler«. Diese Dienstleisterhaltung verstärkte zwar sein politisches Prestige auch im Ausland, es zeigten sich aber auch sofort die Grenzen seines Konzepts. Zar Alexander II. zum Beispiel machte Bismarck dafür verantwortlich, dass Russlands Erfolge eng begrenzt blieben. Das Russische Reich gewann zwar Gebiete hinzu, gab aber einen Teil seiner Kriegsbeute wieder her. In einem Brief an den Deutschen Kaiser griff der Zar Bismarck scharf an. Dieser schäumte: »Rußland hat sich gegenüber dem einzigen Freund benommen wie ein asiatischer Despot, welchem der Bediente nicht schnell genug die Treppe heraufaufe.«

Bismarcks Reaktion war, dass er die Zusammenarbeit mit dem einstigen Dauergegner Österreich vorantrieb. Das Ergebnis: der folgenreiche Zweibundvertrag von 1879. Dabei musste er gegen den Widerwillen Wilhelms ankämpfen, der in dem Bund einen Verrat an seinem Neffen Alexander II. sah. Bismarck drohte mit seinem Rücktritt – erfolgreich. Der Zweibund verpflichtete die Vertragspartner zu gegenseitiger Hilfe »mit der gesamten Kriegsmacht«, wenn eines der »beiden Reiche von Rußland angegriffen« werden sollte.

Aus diesem Defensivbündnis gegenüber Russland wurde eine dauerhafte Allianz, die die Außenpolitik während des gesamten Kaiserreichs bis zu seinem Untergang prägen sollte. Bismarck selbst stilisierte die Verbindung als eine Art zeitgemäße Neuausgabe des von ihm selbst seinerzeit zerschlagenen Deutschen Bundes – und bezeichnete ihn sogar als »Bollwerk des Friedens über lange Jahre hinaus. Populär bei allen Parteien, exklusive Nihilisten und Sozialisten.« Er ahnte nicht, dass dieses zu seiner Zeit durchaus erfolgreiche »Bollwerk des Friedens« Jahrzehnte später Grundlage jenes verhängnisvollen »Blankoschecks« der Julikrise von 1914 werden sollte.

Bismarck gelang es zwischenzeitlich auch, die Spannungen zwischen Deutschland und Russland abzubauen und 1881 das Dreikaiserbündnis abzuschließen. Damit war eine enge Verbindung Russlands mit Frankreich zunächst verhindert worden. Das Bündnissystem wurde 1882 durch den Dreibund zwischen

Deutschland, Österreich-Ungarn und Italien sowie 1883 durch den Anschluss Rumäniens an den Zweibund ergänzt.

Außenpolitisch waren die 1880er Jahre für Bismarck zunächst vergleichsweise entspannend. Er galt als Autorität. Der britische Botschafter in Berlin bemerkte einmal: »In St. Petersburg ist sein Wort Evangelium, ebenso in Paris und Rom, wo seine Worte Achtung einflößen und sein Schweigen Besorgnis.« Das sollte allerdings nicht zu wörtlich genommen werden, zumal gerade London bei dieser Lobhudelei fehlt.

Schwere Konflikte gab es in den frühen 1880ern allerdings tatsächlich kaum. Nun, Mitte der 1880er-Jahre, schien Bismarck die diplomatische Absicherung des Reichs erfolgreich abgeschlossen zu haben. Das Konzept der Saturiertheit – wohl die vernünftigste und an und für sich nachhaltige Vorstellung Bismarcks – wurde jedoch durch die imperialistischen Tendenzen der Zeit immer mehr in Frage gestellt.

Bismarck selbst war eigentlich Gegner kolonialer Erwerbungen. Doch auch in Deutschland bildete sich eine imperialistische Bewegung, und sie war keineswegs auf einige Militärs und Industrielle beschränkt, sie durchzog zunehmend weite Teile der Gesellschaft. Diesem etwas infantilen Druck, »doch auch mal einige Kolonien« haben zu wollen, so wie »die andern«, konnte sich Bismarck nicht auf Dauer entziehen.

Hinzu kamen innenpolitische Gründe. So spielte nach Ansicht vieler, nicht aller Historiker die von ihm gefürchtete, früher oder später unausweichliche Thronübernahme des relativ liberalen, englandfreundlichen Kronprinzen Friedrich Wilhelm eine Rolle. Bismarck spielte dieser Auffassung zufolge aus innenpolitischem Kalkül mit dem außenpolitischen Feuer: Der Erwerb von Kolonien würde, so soll der alte Taktierer ohne Skrupel vermutet haben, die Beziehungen zu Großbritannien verschlechtern. So habe die Kolonialpolitik den Zweck, einen Keil zwischen den Kronprinzen und England zu treiben.

1884 und 1885 kam es zum Erwerb mehrerer, eher unbedeutender Territorien in Afrika und im Stillen Ozean. Bei Neuguinea gibt es eine Inselgruppe, die bis heute »Bismarck-Archipel« heißt. Die entlegenen Inseln mit ihren weniger als 200.000 Bewohnern spielten weder wirtschaftlich noch strategisch eine nennenswerte Rolle. Darüber hinaus stellte er Südwestafrika (Namibia), Togo, Kamerun, Ostafrika (Tansania) und Teile Neuguineas unter den »Schutz« des Reiches. Angeblich folge man, so Bismarck beschwichtigend, lediglich den eigenen Kaufleuten »mit unserem Schutze«. Es ist unklar, ob Bismarck diese Gebiete tatsächlich lediglich informell verwalten wollte oder doch von vornherein echte Kolonien anstrebte.

Da sich die innenpolitischen Konstellationen in Frankreich und Großbritannien änderten, verlor Bismarck allerdings schnell das Interesse an deutscher Kolonialpolitik. Ab 1886 nahmen in Frankreich die revanchistischen Tendenzen zu. So wurde das Kabinett Jules Ferry gestürzt, mit dem Bismarck bei den kolonialen Interessen kooperiert hatte. Stattdessen konnte Kriegsminister Boulanger eine revanchistische Kampagne gegen Deutschland anzetteln: »Die Schlacht ist unvermeidlich ...« Zeitweilig drohte ein französisch-russisches Bündnis und damit die vielbeschworene Gefahr eines Zweifrontenkriegs für das Deutsche Reich. Bismarck bauschte die Krise mit Frankreich allerdings intern auf, um seine Pläne zur Heeresverstärkung durchsetzen zu können.

Nach Boulangers Sturz 1887 flaute diese Kampagne zwar ab, doch die Lage blieb heikel, auch, weil der Balkan nicht zur Ruhe kam. Gegenüber dem Kolonialenthusiasten Eugen Wolf äußerte Bismarck 1888: »Ihre Karte von Afrika ist ja sehr schön, aber meine Karte von Afrika liegt in Europa. Frankreich liegt links, Russland liegt rechts, in der Mitte liegen wir. Das ist meine Karte von Afrika.« Aber dennoch hatte Bismarck – ungewollt – wie Goethes Zauberlehrling Geister gerufen, die sich in der Wilhelminischen Zeit nicht mehr beherrschen lassen sollten. Und der angebliche Keil zwischen dem Kronprinzen und England wurde zum Abgrund zwischen dem Deutschen Reich und dem Britischen Empire.

Ungefähr zeitgleich schwelte eine neue Balkankrise. Bismarck versuchte vergeblich, die Spannungen zwischen Österreich und Russland auszugleichen: Das wichtige Dreikaiserbündnis zerbrach. In Russland nahmen daraufhin die Stimmen für ein Bündnis mit Frankreich weiter zu. In Deutschland plädierten einflussreiche Militärs und Diplomaten wie Friedrich von Holstein, Helmuth Karl Bernhard von Moltke und Alfred von Waldersee für einen Präventivkrieg gegen Russland. Bismarck lehnte solche radikalen Vorschläge strikt ab. Er hielt den Krieg weiter für vermeidbar und behielt Recht.

Zwar war Bismarcks altes Bündnissystem zerbrochen, doch konnte er die Krise noch einmal entschärfen. Auf dem Balkan weigerte er sich, für England und Österreich »die Kastanien aus dem Feuer zu holen«. Ohne mit Österreich zu brechen, gelang es ihm, einen Krieg zu verhindern.

Im Februar 1887 war Bismarck im Hintergrund am Zustandekommen der Mittelmeerentente zwischen Großbritannien, Österreich und Italien beteiligt. Ihr Ziel war es, den russischen Expansionsdrang zu begrenzen. Kurze Zeit später schloss Bismarck mit Russland den Rückversicherungsvertrag ab, um das Russische Reich erneut an Deutschland zu binden. Doch kurze Zeit später nahm die Ära Bismarck in der deutschen Außenpolitik ein Ende.

Diese Verwicklungen zeigen, dass Bismarck einerseits ein wirklich begabter Diplomat und auch Friedenspolitiker sein konnte, wenn er wollte; andererseits erwies sich sein Bündnissystem immer wieder als fragil.

Die Wahl zwischen Krieg und Frieden war für ihn nicht die zwischen gut und schlecht, »mutig« und »ängstlich«. Er entschied aus Erfahrung und der Gesamtheit der Umstände heraus. Vereinzelt spielte auch persönliches Beleidigtsein eine (Neben-)Rolle, wie beim Brief Alexanders II. und dessen Folgen, aber das war die Ausnahme.

Seine Tragik als Außenpolitiker, wenn man von einer solchen sprechen kann, lag darin, dass seine Nachfolger sein System nicht mit dem gleichen Geschick und der gleichen Vorsicht fortsetzen konnten oder wollten. Die Wurzeln des späteren Unheils - vor allem die Erbfeindschaft mit Frankreich, daneben die Ansätze zum Kolonialismus - hat Bismarck selbst geschaffen. Aber für das Wachstum der giftigen Pflanze nach seinem Sturz waren andere verantwortlich.

Innenpolitik: nationalliberale Ära und Gründerkrach

»Bismarck gelang die Einigung nach außen, die Einigung nach innen gelang nicht.« So schätzte Bismarcks indirekter Nachfolger Willy Brandt das Vermächtnis des ersten Reichskanzlers ein. Als Sozialdemokrat dachte er natürlich insbesondere auch an die Sozialistengesetzgebung. Historikern erscheint die bekannte Aussage Brandts zu pauschal, ganz von der Hand weisen lässt sie sich freilich nicht. Bei Bismarck muss allerdings unterschieden werden zwischen objektiven Misserfolgen und gewolltem Kampf. Ein Konsens-Kanzler war er gewiss nicht. Dennoch blieb ihm aufgrund der von ihm selbst maßgeblich gestalteten Verfassung gar nichts anderes übrig, als immer wieder nach parlamentarischen Mehrheiten zu suchen; und da die Kräfteverhältnisse im Reichstag selten nach seinem Wunsch waren, blieb ihm gar nichts anderes übrig, als Kompromisse zu schließen.

Der Reichstag musste sämtlichen Gesetzen sowie dem Haushalt zustimmen, und er machte von seiner Macht Gebrauch. Nach Bismarcks Naturell waren diese häufig zermürbenden Prozeduren eher nicht, auch darin dürfte ein Grund für die phasenweise zu Tage tretende Amtsmüdigkeit liegen.

Wie schon in der Zeit des Norddeutschen Bundes beruhte die Innenpolitik Bismarcks in den ersten Jahren auf einer Zusammenarbeit mit den Freikonservativen und den Nationalliberalen. Vor allem die Nationalliberalen übten einen starken Einfluss auf die Vereinheitlichung und Modernisierung der Wirtschafts- und Rechtsordnung aus, sowohl auf Reichsebene wie auch teilweise im dominierenden Preußen. Bismarck scheute erneut zeitweise nicht vor einem Konflikt mit den Konservativen zurück. Als das preußische Herrenhaus sich 1872 weigerte, einer Reform der Kreisordnung zuzustimmen, brachte Bismarck Wilhelm I. dazu, einfach zusätzliche Herrenhausmitglieder zu ernennen, um mit Hilfe dieses »Pairsschubes« das Gesetz durchzubringen: wieder einmal ein Griff in die Trickkiste. Die Empörung bei den Konservativen war groß – und Roon sprach gar von einem Staatsstreich, ein Ausdruck, der ja bereits in der Vergangenheit auf Bismarcks »unkonventionelle« Einfälle gemünzt worden war.

Der heftige Streit unter diesen preußischen Granden führte zum Rücktritt Bismarcks vom Posten des preußischen Ministerpräsidenten, und zwar zu Gunsten Roons. Dieser Militär war dem politischen Amt jedoch nicht gewachsen, und so übernahm es Bismarck nach kurzer Zeit wieder selbst.

Die Jahre nach 1871 sind als die Gründerzeit bekannt geworden. Die rasante wirtschaftliche Entwicklung Deutschlands wurde gestützt von liberalen Reformen und umgerechnet 4,2 Milliarden Mark »Kriegsentschädigung« durch Frankreich. Doch auch beim österreichischen Nachbarn boomte die Wirtschaft. Stahlwerke, Fabriken und Aktiengesellschaften schossen wie Pilze aus dem Boden. Es begann eine Phase wilder Börsenspekulation, die durchaus der »Dotcom-Blase« der 1990er Jahre und der Phase vor der Lehman-Pleite vergleichbar ist: Im Glauben an stetig steigende Kurse kauften Leute Aktien zum Teil auf Pump.

Der Euphorie folgte der »Gründerkrach«, ein etwas irreführender Begriff, da es sich um eine weltweite Krise handelte. 1874 meldeten in Deutschland mehr als 60 Banken ihren Bankrott. Industrie- und Eisenbahnunternehmen folgten. Antisemiten wurden politisch stärker, indem sie ahnungslosen Bürgern einen Sündenbock anboten. Von Bismarck sind zwar einige antijüdische Äußerungen im kleineren Kreis bekannt, aber an Kampagnen beteiligte sich der Kanzler, der langjährig engen Kontakt mit dem jüdischen Bankier Gerson Bleichröder pflegte, nicht. Stattdessen griff er wieder stärker in die Wirtschaftspolitik ein. Es kam zum Bruch mit dem bedeutenden Wirtschaftsliberalen Delbrück, der bis dahin dieses Ressort maßgeblich geprägt hatte.

Konkret bedeutete dies die weitgehende Abkehr von der Idee des Freihandels. Das Konzept Bismarcks: Der Staat sollte jetzt, im Gegensatz zum Wirtschaftsliberalismus, wieder bedingt in die Wirtschaftssteuerung eingreifen. So führte man Schutzzölle auf ausländische Importe ein, um den deutschen Markt zu schützen. Im Deutschen Reich wurde das Preisniveau künstlich über dem des Weltmarktniveaus gehalten.

Deutschland war von den Folgen der Krise weniger stark betroffen als andere Länder. Die Auswandererzahlen nach Amerika gingen gerade auch in der Zeit des Gründerkrachs zurück. Das ist nicht allein, aber auch das Verdienst Bismarcks. Der geschickte Gutsverwalter von einst zeigte, dass er auch auf nationaler Ebene wirken konnte.

Auch auf anderen Feldern zeigten sich bald Grenzen der Zusammenarbeit Bismarcks mit den Liberalen. Ein Zankapfel war das Militär. Auf den von Bismarck geforderten faktischen Verzicht des Parlaments auf Kontrolle des Militärhaushaltes (»Äternat«) wollten sich die Nationalliberalen nicht einlassen. Eine Lösung brachte 1874 ein Kompromissvorschlag von Johannes Mil.

Danach wurden die Ausgaben für jeweils sieben Jahre bewilligt (»Septennat«). Trotz dieses relativen Erfolgs hatte Bismarck den Liberalen die Grenzen seiner Kooperationswilligkeit deutlich gemacht, obwohl diese ihm lange Jahre Handlungsfreiheit gaben. Gleichzeitig stärkte die grundsätzliche Einigung mit dem Parlament Bismarcks Stellung gegenüber dem Militär. Bismarck war mittlerweile selbst ein hochrangiges Mitglied der Truppe, der sich gerne mit militärischen Insignien malen ließ.

Franz von Lenbach: Otto von Bismarck in der Uniform der Halberstädter Kürassiere. Es zeichnet Lenbachs Portraits aus, dass er trotz des repräsentativen Auftrags auch die Sorge, Müdigkeit und Abgekämpftheit im Antlitz Bismarcks wiederzugeben vermochte.

Priester in Haft – Der Kulturkampf

Mit der 1870 gegründeten Zentrumspartei war eine im Kern konservative, katholische politische Gruppierung entstanden. Das Zentrum schaffte eine Klammer zwischen katholischer Arbeiterschaft, Bürgern und Kirche. Es ist viel darüber diskutiert worden, weshalb Bismarck diese Partei lange so energisch bekämpfte. Vielleicht befürchtete er eine Spaltung des Reichs oder eine internationale katholische Allianz. Jedenfalls war das Zentrum seinem Einfluss entzogen, und allein das weckte sein Misstrauen.

Bismarck reduzierte es auf den von ihm gefürchteten »Ultramontanismus«, den Einfluss von jenseits der Alpen, die angebliche Rom-Abhängigkeit der Katholiken auch in politischer Hinsicht. Der konservative Papst Pius IX. hatte die Prinzipien des Liberalismus als mit dem katholischen Glauben unvereinbar erklärt und zudem das Unfehlbarkeitsdogma durchgesetzt. Damit stand das deutsche Bürgertum protestantisch-liberaler Prägung dem Katholizismus zunehmend ablehnend gegenüber, vor allem, wenn er politisch wurde. Der Ausdruck »Kulturkampf« stammt übrigens von Virchow – ausgerechnet derjenige liberale Intellektuelle, den Bismarck Jahre zuvor erfolglos zum Duell gefordert hatte.

Jedenfalls wurde das Zentrum in den ersten Reichstagswahlen von 1871 auf Anhieb zweitstärkste Kraft. Damit sank der Wahlerfolg der Nationalliberalen insbesondere im katholisch-bürgerlichen Lager. Und die Partei erhob selbstbewusst Forderungen. Gleich zu Beginn beantragte das Zentrum, der Reichstag solle sich für die Wiederherstellung der weltlichen Herrschaft des Papstes einsetzen (er war von Italien entmachtet worden). Somit galten die Zentrumspolitiker schnell als politischer Arm des Papstes im noch nicht konsolidierten Reich. Das missfiel nicht nur den Liberalen, sondern insbesondere auch dem Kanzler. Den einen ging es vor allem um den weltanschaulichen Gegensatz, dem anderen in erster Linie um politische Überlegungen: Er sah in einer politischen katholischen Partei (nicht in der Anwesenheit von Katholiken an und für sich) eine Gefahr für seine Reichsarchitektur.

Zudem verdächtigte Bismarck die katholischen Geistlichen in den polnisch geprägten Provinzen Preußens, eine »Polonisierung« zu betreiben (was wohl nicht ganz falsch war, allerdings handelte es sich auch um eine Gegenreaktion zur Germanisierungstendenz vom Deutschen Reich aus).

Der Kulturkampf hatte für Bismarck zwar vor allem politische Gründe, doch er sah in Ludwig Windthorst, dem herausragenden Politiker der Zentrumspartei, einen persönlichen Gegner: »Mein Leben erhalten und verschönern zwei Dinge, meine Frau und Windthorst. Die eine ist für die Liebe da, der andere für den Haß.«

Dazu passt, dass er die zwar protestantische und eher liberale, aber seit langem der katholischen Kultur gegenüber aufgeschlossene Kaiserin Augusta verdächtigte, mit Windthorst zu paktieren. Windthorst selbst war zugleich katholisch als auch parlamentarisch gesonnen. Schon in den 1850ern hatte Bismarck auf das noch unabhängige Hannover Druck ausgeübt, um das Kabinett, dem Windthorst angehörte, von der politischen Bühne zu vertreiben.

Bismarck sagte am 14. Mai 1872 vor dem Reichstag: »Seien Sie außer Sorge, nach Canossa gehen wir nicht, weder körperlich noch geistig.« Ein Satz, der in Kurzform – »Nach Canossa gehen wir nicht« – berühmt und tatsächlich in Stein gehauen wurde (in Bad Harzburg im protestantischen Braunschweigischen ist er zum Beispiel heute noch auf einem Bismarck-Denkmal zu lesen).

Bismarck stilisierte die Katholiken zu »Reichsfeinden« – vermutlich auch, um aufziehender Kritik an seiner Amtsführung entgegenzuwirken. Vor allem aber war Bismarck offenbar von der Vorstellung besessen, dass sich da eine zugleich antimoderne und internationale Gruppierung gegen das von ihm etablierte nationale politische System stelle.

Ab 1872 wurden verschiedene Sondergesetze gegen die katholische Kirche beschlossen. Reichs- und preußische Landesgesetze beschnitten Rechte und Machtstellung der Kirche: Kanzelparagraf, gegen politischen »Missbrauch« der Kanzel; Brotkorbgesetz, Sperrung aller Staatszuschüsse an kirchliche Einrichtungen; Jesuitengesetz. Zudem wurde die verpflichtende Zivilehe eingeführt. In Preußen gab es weitere Maßnahmen wie das Schulaufsichtsgesetz, Kultusminister Falk unternahm einen juristischen Feldzug gegen die Kirche.

Der Papst reagierte seinerseits scharf. Er verbot seinen Priestern, sich an die neuen Regeln zu halten. Die Folge: Etliche Kirchleute gerieten in Haft, viele Pfarrerstellen und alle preußischen katholischen Bischofssitze waren vakant.

Bismarcks hartes Vorgehen erwies sich im Rahmen der Realpolitik als Desaster. Die katholische Basis und die Zentrumspartei ließen sich nicht spalten, vielmehr wurde durch die staatlichen Angriffe die Bildung eines katholischen Milieus mit entsprechendem Zusammengehörigkeitsgefühl gefördert. Darüber hinaus unterstützte die katholische Presse die Partei – die noch mehr Mandate im Reichstag gewann. Ein Verbot des Zentrums, wie bei den Sozialisten, kam für Bismarck nicht in Frage.

Die erste, harte Phase des Kulturkampfes endete 1878. In diesem Jahr starb Pius IX.; sein Nachfolger Leo XIII. signalisierte Verständigungsbereitschaft, an der Bismarck gelegen war: nämlich, um vielleicht das Zentrum auszubooten. Eine direkte Verhandlung der Reichsführung mit dem Heiligen Stuhl würde der Partei schaden und ihr Ansehen bei der katholischen Bevölkerung mindern.

Zudem hatte der Kanzler zwar durchaus säkular modernisiert, aber eben ganz offensichtlich nicht das geschafft, was er vorgehabt hatte, nämlich das Zentrum zu verdrängen. Ein anderer

Grund ergab sich aus dem Bruch Bismarcks mit den Nationalliberalen. Für Bismarck waren politische Bündnisse nur so lange heilig, wie sie ihm in seine Interessenpolitik und in die Verhältnisse passten. Mit den geschwächten Nationalliberalen war zu wenig zu erreichen. Er lotete nun als wendiger Taktiker die Möglichkeit aus, das Zentrum in seine Politik einzubauen und somit eine »blau-schwarze Koalition« mit den Konservativen zu bilden.

1879 führte er ein Vieraugengespräch mit seinem einstigen Lieblingsfeind Windthorst. Für die allmähliche Entspannung nicht unwichtig war, dass Windthorst – Golo Mann nannte ihn den »genialsten Parlamentarier, den Deutschland je besaß« – keineswegs ein ultramontaner Eiferer war. Der Politiker aus dem annektierten Hannoverschen war zwar preußenkritisch, aber eben auch pragmatisch und konstitutionell ausgerichtet, was Bismarck neue politische Optionen eröffnete.

Kultusminister Falk ging (oder »wurde gegangen«), und Bismarck erklärte: »Der Kulturkampf ist zu Ende, wir führen ihn nicht weiter und legen die Waffen beiseite, aber wohlgeölt.« Mit dieser nachgetragenen Bemerkung kaschierte Bismarck zum einen, dass sich die »Waffen« als wenig effizient erwiesen hatten, zum anderen signalisierte er, von seiner Grundhaltung nicht abweichen zu wollen. Zu einer neuen Verwendung der Kampfinstrumente in diesem Konflikt kam es nicht mehr.

In den 1880er Jahren trugen beide Seiten zur Deeskalation bei. Mehrere Milderungsgesetze durchbrachen die Kampfgesetze. Die diplomatischen Beziehungen zum Vatikan wurden wieder aufgenommen; Bismarck erhielt sogar als erster Protestant vom Papst den Christusorden mit Brillanten.

Karikatur von Wilhelm Scholz zur Beendigung des Kulturkampfes. Papst Leo XIII. und der Reichskanzler fordern sich gegenseitig zum Fußkuss auf. Bildunterschrift: Pontifex: »Nun bitte, genieren Sie sich nicht!« Kanzler Bismarck: »Bitte gleichfalls!« Aus: Kladderadatsch, Nr. 14/15 (18. März 1878)

Der Kulturkampf endete im April 1887 mit dem zweiten Friedensgesetz. Eine Folge der langen Auseinandersetzung bis heute sind die Zivilehe und die staatliche Schule, wie wir sie kennen.

Verbieten und »bestechen«: der Kampf gegen die Sozialdemokraten

»Im Namen des Gesetzes.« Auflösung einer Sozialistenversammlung zu Leipzig. Der Artikel zum Bild hieß: »Überführte Sozialdemokraten«.

Im gerade gegründeten Reichstag 1871: Der Abgeordnete August Bebel hält eine mutige Rede zu Gunsten der Pariser Kommune. Bismarck spitzt die Ohren, nicht aus Begeisterung. Er sieht auch in den deutschen Sozialdemokraten eine revolutionäre Bedrohung (die Begriffe Sozialismus und Sozialdemokratie wurden im damaligen Sprachverständnis in der Regel als Synonyme verstanden). Schon damals skizzierte er seine zukünftige Politik: »1. Entgegenkommen gegen die Wünsche der arbeitenden Klassen, 2. Hemmung der staatsgefährlichen Agitation durch Verbots- und Strafgesetze.« Bebel wurde wegen seiner Haltung zu zwei Jahren Haft wegen Hochverrats verurteilt. Es dauerte jedoch einige Jahre, bis Bismarck gegen die Partei als Ganzes losschlug – dafür agierte er dann allerdings umso härter.

Bismarcks Angst vor den Sozialisten mag überzogen gewesen sein, war aber auch nicht gänzlich aus der Luft gegriffen. Entsprechend der revolutionären Theorie beanspruchte die Sozialdemokratie im Deutschen Reich, die parteipolitische Interessenvertretung der Arbeiterbewegung zu sein. Sie strebte eine Verbesserung der sozialen Lage der Arbeiterklasse, letztlich aber auch eine Überwindung der gegebenen Herrschaftsstrukturen an. Für Ersteres hatte Bismarck durchaus Verständnis, Letzteres war für ihn natürlich alarmierend.

Nach seiner Ansicht verstärkten die sozialen Verwerfungen der Gründerkrise die revolutionäre Gefahr. Zwei Attentate auf Kaiser Wilhelm I. im Jahr 1878 waren für Bismarck willkommener Anlass, mit einem Sozialistengesetz gegen die Arbeiterpartei vorzugehen. Beide Angreifer standen zwar der Sozialdemokratie nahe. Doch der erste war kurz zuvor aus der Partei ausgeschlossen worden, der zweite litt an Wahnvorstellungen. Nach dem ersten Attentat legte er einen überhastet ausgearbeiteten Gesetzentwurf gegen die sozialdemokratischen Vereine vor. Dieser jedoch scheiterte an der überwältigenden Mehrheit des Reichstags. Unter anderem hielt man seitens der Liberalen Bismarck vor, dass ein Verbot den politischen Kampf gegen die Sozialisten erschwere statt erleichtere.

Beim zweiten Attentat wurde der greise Kaiser so schwer verletzt, dass unklar war, ob er je wieder gesunden werde. Nun ließ Bismarck das Parlament auflösen. In einem emotionalen Wahlkampf versuchte er, die Rückendeckung der Nationalliberalen zu gewinnen und eine rechtere Regierungsbasis zu erlangen.

Nach der Wahl waren die beiden konservativen Parteien zusammen stärker als die Nationalliberalen. Bismarck setzte sich nun durch: Mit 221 gegen 149 Stimmen verabschiedete der Reichstag das »Gesetz gegen die gemeingefährlichen Bestrebungen der Sozialdemokratie«.

Auch die Nationalliberalen stimmten, nach einigen Zugeständnissen, dem Sozialistengesetz zu. Es blieb, dreimal verlängert, bis 1890 in Kraft. Dieses Ausnahmegesetz verbot die sozialistische Agitation und Parteiarbeit, mit Geld- oder Gefängnisstrafen musste rechnen, wer in Versammlungen oder in Zeitungen »sozialdemokratische Bestrebungen« publik machte. Die politische Arbeit der einzelnen sozialdemokratischen Parlamentarier war indessen nur indirekt betroffen, das heißt, sie konnten weiter gewählt werden, Reden halten und abstimmen.

Außerhalb des Reichstags lebten die »Sozen« jedoch gefährlich. So wurden hunderte Sozialdemokraten aus Orten ausgewiesen, in denen der »kleine Belagerungszustand« verhängt wurde, darunter als Hochburgen der Sozialisten Berlin, Leipzig, Hamburg und Frankfurt am Main. Die politische Ausbürgerung der sozialdemokratischen Opposition ging mit einer sozialen Ausgrenzung einher: Sozialdemokraten konnten, wenn sie sich als solche zu erkennen gaben, auch am Arbeitsplatz verfolgt werden.

Letztlich verfehlte das Gesetz ebenso wie die Kulturkampfgesetze seinen Zweck: Wie auch bei den Katholiken trug das harte Vorgehen ungewollt zur Verfestigung eines bestimmten Milieus bei, denn erst jetzt setzte sich die marxistische Theorie wirklich durch.

Das ist nicht verwunderlich. Ging es vielen Arbeitern und ihren Fürsprechern zunächst nur um etwas bessere Lebensbedingungen, schien das Gesetz nun zu bestätigen, was Marx prophezeit hatte: dass in der »bourgeoisen« Gesellschaft kein Platz für die Arbeiterklasse sei. Die sozialdemokratischen Politiker wurden gewählt, obwohl sie keinen Parteiapparat hatten und sich die faktische Lage der Arbeiter fast kontinuierlich besserte (wenn auch von einem niedrigen Niveau aus).

Die Verfolgung weckte die Solidarität vieler Arbeiter; es kam zunehmend zu Wahlerfolgen für die formell als Einzelpersonen auftretenden Kandidaten. Und pfiffig waren die Ausgegrenzten auch: Die Sozialisten bildeten Arbeitersportvereine oder »Naturfreundegruppen« als Tarnorganisationen, in denen sie ihre politische Arbeit, wenn auch mit hohem Risiko, fortführten.

Bismarck setzte – jedenfalls bis zu einem gewissen Grad – neben der Peitsche auch aufs Zuckerbrot. Mit dem Übergang zur Schutzzollpolitik war die nationalliberale Ära für ihn zu Ende. Bismarck stützte sich stattdessen auf die Deutschkonservative Partei, auf die Freikonservativen und auf das Zentrum.

Eine feste parlamentarische Basis, wie sie zuvor die Nationalliberalen gestellt hatten, bot diese Parteienkonstellation allerdings nicht. Vielfach kam es zu regelrechten Blockaden, die den Altkonservativen in Bismarck wieder hervorbrechen ließen, er wetterte dann gegen das »parlamentarische Komödiantentum« und die »Fraktionskrankheit«, Topoi, die später, insbesondere in der Weimarer Republik, von Rechts- und auch Linksradikalen wieder aufgegriffen wurden.

Angesichts seiner schwierigen parlamentarischen Situation versuchte Bismarck, die bisherige Bedeutung der Parteien zurückzudrängen. Das Feld der Auseinandersetzung wurde dann die Sozial- und Wirtschaftspolitik. So übernahm er 1880 selbst das Amt des Handelsministers. Auch versuchte er einen Volkswirtschaftsrat aus Vertretern der Wirtschaftsverbände zu etablieren, was jedoch misslang. Die geplante Konkurrenz für den Reichstag kam nicht zustande.

Das eigentliche Ziel von Bismarcks Sozialpolitik war, eine stärkere Staatsbindung der Ärmeren zu erzeugen. Die Parteien, die ihm so zu schaffen machten, sollten von ihrer Basis getrennt werden. Bismarck verschleierte sein eigentliches Ziel des Machterhalts dabei nicht (vielleicht ein Fehler): »Mein Gedanke war, die arbeitenden Klassen zu gewinnen, oder soll ich sagen zu bestechen, den Staat als soziale Einrichtung anzusehen, die ihretwegen besteht und für ihr Wohl sorgen möchte.«

Geplant war zunächst eine Unfallversicherung, es kamen Versicherungen gegen Krankheit, Invalidität und Altersarmut hinzu. Diese sollten weitgehend staatlich kontrolliert sein. Er wollte so »in der großen Masse der Besitzlosen die konservative Gesinnung erzeugen, welche das Gefühl der Pensionsberechtigung mit sich bringt.«

Zeitweise sprach Bismarck sogar von »Staatssozialismus«, was nicht abwegig ist. Bismarck wollte nämlich Steuermittel zur Finanzierung einsetzen. Doch strich das Parlament aus der Gesetzesvorlage zur Unfallversicherung alle »staatssozialistischen« Elemente heraus. Lediglich bei der Altersversorgung konnte Bismarck einen geringen Zuschuss durchsetzen.

Aus heutiger Sicht mag das wie eine verkehrte Welt anmuten: Der konservative Revolutionär bringt Vorhaben ein, wie sie in späteren Zeiten die Linken oder der linke Flügel der Sozialdemokraten ersinnen würden: Sozialpolitik aus Steuermitteln.

Dahinter stand ein Kalkül, das freilich zunächst nicht so recht aufging: nach einer Reichstagsauflösung die Wähler mit der Parole eines »sozialen Königtums« und mit antiparlamentarischen Tönen zu überzeugen. Insbesondere die Linksliberalen gewannen bei der Neuwahl deutlich hinzu. Bismarck dachte in dieser Situation kurzzeitig an Rücktritt, entschied sich aber dagegen und deutete sogar Staatsstreichpläne an.

Anstelle der ursprünglich geplanten Reichsanstalt setzte er später die Berufsgenossenschaften durch. Gedacht als neokorporativer Zusammenschluss jenseits der Parteien, wurden die Genossenschaften von den Unternehmern dominiert. Entgegen dem ursprünglichen Ziel gewannen in ihnen die Vertreter der Rechtsparteien an Gewicht. Die Krankenversicherung wurde dagegen von der Selbstverwaltung der Arbeiter bestimmt. Im Laufe der Zeit dominierten daher die Sozialdemokraten viele der Allgemeinen Ortskrankenkassen.

Der Versuch, der Sozialdemokratie die »Wurzeln abzugraben,« schlug kurz- bis mittelfristig genauso fehl wie das Vorhaben, den Obrigkeitsstaat zu Lasten der Parteien auszubauen. Allmählich verlor Bismarck an der Sozialgesetzgebung das Interesse. Die Alters- und Invalidenversicherung von 1889 setzte er noch um, bevor seine Ära zu Ende ging.

Und dennoch keimte der Samen langfristig in gewisser Weise auf, ohne dass Bismarck es miterlebt hätte. Die Sozialpolitik Ludwig Erhards in der Bundesrepublik war letztlich eine Fortführung bismarckschen Gedankenguts: Jeweils ging es darum, die einfachen Leute mit sozialer Abfederung des Marktes davon abzubringen, sozialistisch zu denken und zu wählen. Und es ist eine Ironie der Geschichte, dass die einst verfolgten (und sozialrevolutionären) Sozialdemokraten Ende der 1950er dieses Modell übernahmen. Mehr noch: Es war die soziale Marktwirtschaft, die den DDR-Bürgern letztlich attraktiver erschien als das SED-System.

Das mag weit hergeholt klingen. Aber es ist kaum zu bestreiten, dass das Deutsche Reich »in der ganzen Welt zum Pionierland eines modernen Systems der sozialen Sicherheit« wurde (Gerhard Ritter). Und Lenin formulierte es ex negativo, wenn er aus Sicht des bolschewistischen Revolutionärs warnte, die Arbeiter seien durch gewisse Zugeständnisse der Reaktion zum Teil korrumpiert. Auch deshalb baute er das bei Marx eher am Rande vorkommende Konzept der Diktatur des Proletariats im Sinne einer Parteidiktatur um.

Zwar war es Bismarck nicht gelungen, die Sozialdemokratie zu beseitigen. Die Methode, Repression gegen die Partei und soziale Absicherung für ihre Anhänger zu kombinieren, bewirkte jedoch auch einen Wandel bei den deutschen Sozialisten: Zum einen trennten sich die Sozialdemokraten von ihrem linksradikal-anarchistischen Flügel. Das hätten sie wahrscheinlich auch ohne Bismarcks Politik getan, aber möglicherweise nicht so schnell und konsequent. Klar ist jedenfalls, dass die Partei bestrebt war, im

Reich nicht als Bombenleger-Fraktion dazustehen. Insofern war Bismarcks emotionale Kampagne nicht ganz erfolglos. Es muss allerdings festgehalten werden, dass Bismarck seine Verfolgungspolitik rücksichtslos auch gegen die klar gemäßigten Vertreter der Sozialdemokratie richtete. Damit hat er tatsächlich die »innere Einigung« des Reiches erschwert, wenn nicht verhindert.

Andererseits zeigte sich im Laufe der Jahrzehnte eine langsame Annäherung der Sozialdemokratie an die Machtverhältnisse. Grundsätzlich war man weiter eine sozialistische Partei, aber der Einfluss derer, die statt einer Revolution eine allmähliche »Rationalisierung« der Verhältnisse forderten, stieg. Das wäre ohne die Sozialgesetzgebung so wahrscheinlich nicht geschehen. Anders gesagt: Die Sozialdemokratische Partei (SDAP, später SAP und schließlich SPD) konnte der konservative Kanzler nicht kleinkriegen, aber bis zu einem gewisse Grade das sozialrevolutionäre Element in ihr. Und das gilt – wenn man so will – im Grunde bis heute.

Die letzten Regierungsjahre

In den späten Regierungsjahren setzte Bismarck noch einmal verstärkt auf nationale und nationalistische Gefühle. So verstärkte er die antipolnische Politik in den preußischen Ostprovinzen. Mit der Ausweisung von nichtpreußischen Polen ab 1885 und dem Ansiedlungsgesetz von 1886 strebte er eine allmähliche Germanisierung an, um die polnische Frage für das Reichsgebiet demographisch zu »lösen«. Die französische Revanchismusbewegung nutzte Bismarck, um mit einer Pressekampagne Kritiker als »Vaterlandsverräter« hinzustellen, wenn sie sich seinen militärpolitischen Ambitionen entgegenstellten. Nach der Reichstagsauflösung wurde die nationalistische Agitation noch einmal verstärkt.

Aus den Reichstagswahlen vom Februar 1887 ging das Regierungslager aus Konservativen und Nationalliberalen mit absoluter Mehrheit hervor. Bismarck besaß mit den »Kartellparteien« nun endlich jene parlamentarische Mehrheit, die er in den vergangenen zehn Jahren angestrebt hatte. Er konnte jetzt sowohl seine militärpolitischen Pläne als auch Begünstigungen für seine Klientel durchsetzen.

Wegen des hohen Alters Wilhelms I. wurde ein baldiger Thronwechsel erwartet. Nun stellten die Liberalen für Bismarck wieder eine Gefahr dar. Unter einem Kaiser Friedrich III. stand der Wechsel zu einer liberalen Regierung zu erwarten – nach dem Vorbild der britischen Regierung. Bismarck versuchte 1877 Albrecht von Stosch auszuschalten, da dieser als möglicher Kanzler des künftigen Kaisers galt. Als dies scheiterte, zog Bismarck sich zeitweilig auf sein Gut in Varzin zurück. Der Versuch, von dort aus die Nationalliberalen mit Angeboten – etwa ein Ministeramt für Rudolf von Bennigsen – und Zugeständnissen für seine Politik zu gewinnen, war jedoch nicht erfolgreich. Ihm wurden Gegenforderungen präsentiert, die Partei wollte den Parlamentarismus stärken. Daraufhin entschloss er sich zum Bruch mit den Nationalliberalen. Im Reichstag erklärte er 1879: »Eine Fraktion kann sehr wohl die Regierung unterstützen und dafür einen Einfluss auf sie gewinnen, aber wenn sie die Regierung regieren will, dann zwingt sie die Regierung, ihrerseits dagegen zu reagieren.«

Doch wegen Bismarcks Machtstellung und dem schlechten Gesundheitszustand Friedrichs spielte dessen Thronbesteigung im März 1888 kaum noch eine Rolle. Als der todkranke neue Kaiser sich weigerte, einer Verlängerung der Legislaturperiode und des Sozialistengesetzes zuzustimmen, belehrte Bismarck die Kaiserin, dass der Monarch »als solcher kein Faktor der Gesetzgebung« sei. Im Grunde waren die 99 Regierungstage nicht mehr als ein Warten auf Friedrichs Ableben. Bismarck, der seit 1887 von der unheilbaren Erkrankung wusste, war keineswegs froh darüber, sprach von einem »großen Unglück«, und das hatte nicht nur menschliche Gründe. Das Problem war der Nach-Nachfolger Wilhelms I.

»Der Lotse geht von Bord« – der Sturz

Die berühmte Punch-Karikatur *Dropping the Pilot* (im Deutschen meist übersetzt mit: Der Lotse geht von Bord) zur Entlassung Bismarcks 1890

Bismarck hielt Wilhelm II. für unreif und einen problematischen Charakter: Er sei ein »Brausekopf, könne nicht schweigen, sei Schmeichlern zugänglich und könne Deutschland in einen Krieg stürzen, ohne es zu ahnen und zu wollen.« Bismarck sprach aus Erfahrung, ausgerechnet die alte Feindin Augusta hatte zuletzt ihren Frieden mit ihm gemacht und gewollt, dass er den jungen Thronerben auf seine Aufgaben vorbereite.

Für Wilhelm II. dagegen war Bismarck eine nicht mehr zeitgemäße Person; und er machte deutlich, selbst politischen Einfluss nehmen zu wollen: »Sechs Monate will ich den Alten verschnaufen lassen, dann regiere ich selbst.« Der »Brausekopf« hatte große innen- und mehr noch außenpolitische Ambitionen. Es ist eine weitere Ironie der Geschichte, dass der alte Monarchist Bismarck zuletzt nicht etwa von Revolutionären oder Parlamentariern gestürzt wurde, sondern von einem Monarchen, der sich selbst für modern hielt. Schon die erste Begegnung nach Friedrichs Tod sprach Bände: Der junge Kaiser hielt seine Hand zum Huldigungskuss so tief, dass sich der 73-jährige Bismarck weit hinabbeugen musste. In diesem Moment hätte er vielleicht lieber mit Windthorst, Augusta, Liebknecht und Bebel Wein getrunken ...

Bismarck sah in der absichtlichen Verschärfung der innenpolitischen Lage eine Möglichkeit, den neuen Kaiser von seiner Unentbehrlichkeit zu überzeugen. Er brachte daher ein neues, verschärftes und obendrein unbefristetes Sozialistengesetz ein, wohl wissend, dass dies die Kartellparteien auseinandersprengen würde: Die Nationalliberalen konnten dies nicht mittragen, sie hatten das Gesetz immer als vorübergehende Ausnahme verstanden. Wilhelm aber wollte seine Regierungszeit nicht mit einem solchen Konfliktkurs beginnen – er stellte sich den Plänen des alten Kanzlers entgegen. In einer Sitzung des Kronrates prallten beide am 24. Januar 1890 aufeinander. Wilhelm wollte den Entwurf durch eine Entschärfung mehrheitsfähig machen, insbesondere durch den Verzicht auf die Ausweisung sozialdemokratischer Agitatoren. Angesichts des negativen Wilhelm-Bildes, mit dessen Zeichnung Bismarck selbst begonnen hatte und für das es auch Gründe gibt, sei hier angemerkt, dass Wilhelm II. hier kompromissfähiger, vernünftiger und sogar demokratischer auftrat als der alte Kanzler, der jedes Entgegenkommen ablehnte. Es folgte ein heftiger Wortwechsel, wie man ihm bislang im Reichstag, aber niemals im Thronrat erlebt hatte. Andere Teilnehmer nahmen einen »irreparablen Bruch« zwischen Kanzler und Kaiser wahr. Der Eindruck täuschte nicht.

In den folgenden Monaten versuchte Bismarck zwar, seine Stellung zu halten; und er spielte erneut mit Staatsstreichgedanken: diesmal in Gestalt einer Neugründung des Reichs durch die Fürsten unter anderen Vorgaben. Man muss wohl von Zeichen des Realitätsverlusts sprechen. Auch über den Plan einer engen Zusammenarbeit zwischen Zentrum und Konservativen dachte er nach. Doch es half nichts. Am 15. März 1890 entzog Kaiser Wilhelm II. dem Kanzler endgültig die Unterstützung. Windthorst hatte nach dem letzten Treffen mit Bismarck drei Tage zuvor bemerkt: »Ich komme vom politischen Sterbebett eines großen Mannes.« Das Entlassungsgesuch Bismarcks datiert vom 18. März 1890.

Zum Nachfolger Otto von Bismarcks wählte der Kaiser den General Leo von Caprivi, ein musterhafter Militär, aber politisch relativ unerfahren und somit auch anders als Bismarck noch formbar. Er sollte den anfangs auf innenpolitischen Ausgleich abzielenden Kaiser vertreten. Caprivi war nicht begeistert von der Aussicht, in Bismarcks große Fußstapfen zu treten. Auch kam die Nachricht für ihn überraschend, da er zuvor als Vizeadmiral Meinungsverschiedenheiten mit dem jungen Kaiser gehabt hatte. Wilhelm soll dem General in Bezug auf seine Ernennung zum Kanzler sogar gesagt haben, als Soldat habe er zu gehorchen.

Bei Bismarcks Sturz hatten »Schmeichler« (eine informelle Beratergruppe um Wilhelm) und Militärs mitgewirkt, unter anderem, weil sie den Rückversicherungsvertrag mit Russland nicht verlängern wollten. In dem Vertrag war ihrer Ansicht nach Russland im Verhältnis zu gut weggekommen. So geschah es auch: Die Nichtverlängerung war der Beginn des Zerfalls des Bismarckschen Bündnissystems, jene verhängnisvolle Entwicklung, die in den Zweifrontenkrieg von 1914 mündete.

Von der Bevölkerung wurden diese scheinbaren Details nicht wahrgenommen, der Vertrag war geheim. Die Trauer um den Abgang Bismarcks, der 19 Jahre als Reichskanzler die Fäden in der Hand gehalten hatte, hielt sich im Reich in Grenzen. Das galt nicht nur für seine prinzipiellen Gegner, sondern auch für viele, die ihn respektierten. Theodor Fontane formulierte, was viele dachten, als er schrieb: »Es ist ein Glück, dass wir ihn los sind. Er war eigentlich nur noch Gewohnheitsregente (sic), tat was er wollte, und forderte immer mehr Devotion. Seine Größe lag hinter ihm.«

Die späten Jahre

Bismarck wusste, dass seine Zeit an der Macht Geschichte war, aber »das kann man nicht von mir verlangen, dass ich, nachdem ich vierzig Jahre lang Politik getrieben, plötzlich mich gar nicht mehr damit abgeben soll.« Er lebte äußerlich zurückgezogen, sodass bald das Wort vom »Einsiedler im Sachsenwald« die Runde machte.

Andererseits: Bereits einen Tag nach seinem Rücktritt verkündete Bismarck, seine Memoiren verfassen zu wollen. Bismarck war sehr darauf bedacht, sein Bild in der Nachwelt aktiv mitzugestalten, und das gelang ihm auch. Seine subjektiv gefärbten und mit Vorsicht zu genießenden Erinnerungen waren eine Selbstinszenierung, die den »Bismarck-Mythos« begründen half.

Zudem verzichtete der Altkanzler nicht auf Eingriffe in die Tagespolitik. Bald nach seiner Entlassung begann er mit einer umtriebigen Pressepolitik. Insbesondere die »Hamburger Nachrichten« wurden zu einer Art Sprachrohr des Exkanzlers. Ein Redakteur der Zeitung wurde regelmäßig in Friedrichsruh vorstellig, um Aussagen und teils fertige Artikel abzuholen, die ohne Namensangabe publiziert wurden. Bismarck attackierte vor allem seinen Nachfolger Caprivi scharf. Indirekt kritisierte er damit auch den Kaiser, den er niemals öffentlich angegriffen hätte, dem er seine Entlassung aber nicht verziehen hatte.

Kurze Zeit sah es so aus, als würde Bismarck auch in die aktive Politik zurückkehren. Im Sommer 1891 ließ sich Bismarck auf Initiative des jungen Diederich Hahn ausgerechnet in Nordhannover, also einem annektierten Gebiet, in den Reichstag wählen. Auch Wilhelm II. glaubte in dieser Phase an eine Rückkehr des Altkanzlers in die Politik. Allerdings hat Bismarck seinen 19. Hannoverschen Wahlkreis nie betreten, von seinem Mandat machte er niemals Gebrauch und legte es 1893 zugunsten von Diederich Hahn nieder. Es handelte sich eher um ein Signal der Art »Ich könnte noch immer, wenn ich wollte«. Tatsächlich wäre eine Tätigkeit als einfacher Abgeordneter nicht seine Sache gewesen; die Gefahr, als Schatten seiner selbst den eigenen Mythos zu zerstören, war viel zu groß.

Die Pressepolitik in eigener Sache hingegen war durchaus erfolgreich. Die öffentliche Meinung wandte sich allmählich zu Gunsten Bismarcks, zumal, nachdem Wilhelm II. ihn öffentlich anzugreifen begann. Der neue Reichskanzler Caprivi blamierte sich unterdessen gründlich, als er ohne Erfolg versuchte, ein Treffen Bismarcks mit Kaiser Franz Joseph von Österreich zu verhindern. Tatsächlich hatte Caprivi lediglich Wilhelms Wunsch zu erfüllen versucht. Bismarck publizierte den Erlass Caprivis. Die Reise nach Wien wurde zu einem kleinen Triumphzug des Altkanzlers. Er erklärte, keine Verpflichtungen mehr gegenüber der deutschen Regierung zu haben: »Alle Brücken sind abgebrochen.«

Auf der Rückreise verblüffte Bismarck in Jena, als er sich entgegen seiner früheren eisernen Haltung für eine Stärkung es Reichstags aussprach. Schon zuvor hatte der bayerische Gesandte in Berlin, Graf Lerchenfeld, nach einem Gespräch mit Bismarck berichtet, der Exkanzler betrachte den neuen Kaiser als »den sicheren Verderber des Reiches«.

Otto Fürst von Bismarck, Gemälde von Franz von Lenbach, 1894

Wilhelm II., dem das hohe Ansehen des ersten Reichskanzlers wohl bewusst war, bemühte sich in der Folge um eine öffentlichkeitswirksame Geste. Berater mahnten ihn, das Volk werde es ihm nicht verzeihen, wenn Bismarck sterbe, ohne dass er sich mit ihm ausgesöhnt habe. Mehrere Treffen mit Bismarck im Jahr 1894 wurden denn auch positiv aufgenommen, eine wirkliche Entspannung brachte dies aber nicht. Es ging lediglich um die Außenwirkung. Wie umstritten Bismarck im Reichstag war, zeigte die gescheiterte Kampfabstimmung um ein Glückwunschtelegramm anlässlich seines achtzigsten Geburtstags. Hingegen machten ihn etwa 400 deutsche Städte zum Ehrenbürger, und zwar auch auf dem Gebiet der einstigen Kriegsgegner von 1866. Im Jahr 1896 zog Bismarck noch einmal die Aufmerksamkeit der deutschen und internationalen Presse auf sich, als er den nicht verlängerten geheimen Rückversicherungsvertrag mit Russland offenlegte.

Unterdessen schrieb Bismarck an seinen Memoiren. Vom Verlag erhielt er 100 000 Mark pro Band, die große Summe hätte Cotta nicht gezahlt, wenn man sich nicht ein glänzendes Geschäft versprochen hätte. Die Erstellung der Memoiren unterstützte Lothar Bucher, der Bismarcks Aussagen stenografierte und ohne dessen Drängen das Werk wahrscheinlich nie fertiggestellt worden wäre. Bucher beklagte nicht nur Bismarcks rasch nachlassendes Interesse an seinen Memoiren, sondern kritisierte auch, wie der Altkanzler in ihnen Tatsachen absichtlich entstellte: »Bei nichts, was misslungen ist, will er beteiligt gewesen sein, und niemand lässt er neben sich gelten.« Nach Buchers Tod im Oktober 1892 werkelte Bismarck an den Manuskripten noch herum, verweigerte aber zum Verdruss der Verlegers die Publikation: Das Werk dürfe erst nach seinem Ableben erscheinen.

Der Tod seiner Frau Johanna im Jahr 1894 traf Bismarck tief. »Was mir blieb, war Johanna. ... Und heute alles öde und leer.« Friedrichruh verließ er seitdem nicht mehr. Ab 1896 verschlechterte sich sein Gesundheitszustand immer deutlicher; und er war schließlich auf einen Rollstuhl angewiesen. Die Erkrankungen an Altersbrand am Fuß und andere Gebrechen verschwieg er gegenüber der Öffentlichkeit und teils sogar gegenüber seiner Familie. Als Wilhelm ihn noch einmal besuchte, raunte man im Tross des Kaisers, er wolle sich selbst überzeugen, wann der Tod zu erwarten sei. Bismarck versuchte, ernsthaft über Politik zu reden, während der Kaiser auswich und »Kasernenwitze« zum Besten gab.

Die letzten Monate litt Bismarck an starken Schmerzen, er wünschte sich das Ende herbei. Am 30. Juli 1898 starb er.

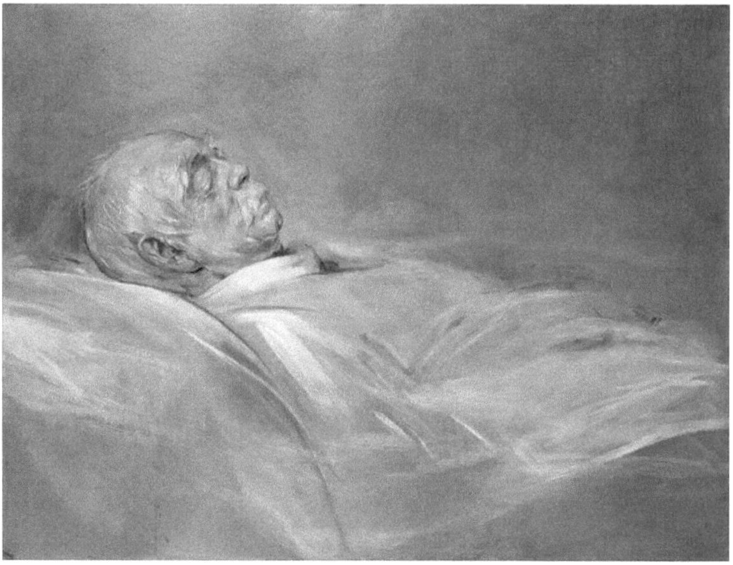

Bismarck auf dem Sterbebett. Skizze von Franz von Lenbach.

Wilhelm II. wollte eine pompöse Beisetzung Bismarcks in der Hohenzollerngruft im Berliner Dom. Bismarck hatte indessen in seinem Testament verfügt, er wolle in Friedrichsruh begraben werden. Seine Familie entsprach diesem Wunsch; bei der offiziellen Trauerfeier in der Kaiser-Wilhelm-Gedächtniskirche blieben die Plätze der Familie Bismarck unbesetzt.

Bismarck fand seine letzte Ruhestätte neben seiner Frau in einem Mausoleum in Friedrichsruh. Seine Grabinschrift lautete, von ihm selbst bestimmt: »Ein treuer Diener Kaiser Wilhelms I.« Das »I.« dürfte Bismarck besonders wichtig gewesen sein.

Nachbemerkung

Der große preußische Historiker Leopold von Ranke sagte, jede Epoche sei unmittelbar zu Gott. In säkularisierter Form würde man sagen, dass jede Zeit aus sich selbst heraus verstanden werden müsse. Das sollte auch für die Bismarck-Ära gelten. Insofern ist jede unkritische Aussage der Art, politische Phänomene der einen Epoche hätten in einer anderen zu bestimmten Folgen »geführt«, mit Vorsicht zu genießen. Andererseits sind Epochen keine Inseln, sie gehen aus anderen hervor und in weitere über. Was also ist von Bismarck in späteren Zeiten geblieben?

Die heutige Bundesrepublik Deutschland geht auf das Deutsche Reich von 1871 zurück, sie ist auch dessen Rechtsnachfolger. Selbst eine 40-jährige Teilung zwischen zwei weltpolitischen Systemen hat die Kontinuität – anders als von vielen erwartet – nicht zerbrochen. Andererseits, auch das sollte nicht vergessen werden, hatte Bismarck lediglich die kleindeutsche Lösung von 1848 aufgegriffen und mit seinem preußisch-obrigkeitlichen Stempel versehen. Sein Vorgehen war faktisch erfolgreicher als das der 48er, aber gedanklich keine wesentliche Weiterentwicklung bestehender Konzepte. Bismarck war ein politischer (diplomatisch-militärischer) Macher, weniger ein Vordenker. Der dritte der »Einigungskriege« hinterließ mit der deutsch-französischen Erbfeindschaft eine Hypothek, die – verursacht freilich von Nachfolgern, die Bismarck, soweit er sie noch kennengelernt hatte, zu Recht kritisierte – schließlich zum Zusammenbruch der Monarchie führte. Auch Preußen, das Bismarck lange Zeit wichtiger war als Deutschland, existiert nicht mehr. Doch das Gebilde, das Bismarck geschaffen hatte, blieb bestehen. Im Grunde ist es letztlich über seinen Gründer hinausgewachsen, und zwar im Positiven wie Negativen. Bismarck gefiel nicht, was Wilhelm II. aus »seinem« Reich machte; die Weimarer Republik und das nationalsozialistische Deutschland hätten ihm aus unterschiedlichen Gründen noch weniger gefallen. Dass sich mit Adenauer ausgerechnet der politische Katholizismus zu einer Art Neugründung Deutschlands – westlich orientiert, ohne Preußen – aufmachte, nachdem das Nazireich von den Alliierten zerschlagen worden war; dass derselbe Adenauer auch mit de Gaulle das Projekt der deutsch-französischen Freundschaft begründete, hätte ihn erstaunt, aber wahrscheinlich hätte er es angesichts der Weltkriege verstanden.

Bismarck ist, so viel steht bei aller kontroversen Beurteilung seiner Methoden und Ziele wohl fest, vor allem als Reichsgründer in die Geschichtsbücher eingegangen. Der Erfolg scheint recht zu geben, deswegen wandten sich seine Kritiker, angefangen mit Max Weber, vor allem der in vielem nicht gelungenen »inneren Einigung« zu. Doch auch zu seinem für die Zeitgenossen äußerlich so glänzenden Haupterfolg muss man bei allem Respekt für Bismarcks geschicktes Taktieren Relativierendes sagen. Denn zum einen hatte Bismarck hasardiert, insbesondere 1866 stand es auf Messers Schneide, und ein Scheitern wäre mit Sicherheit sein politischer, wahrscheinlich sogar sein physischer Tod gewesen. Hinzu kommt: Der Erfolg zu einem bestimmten Zeitpunkt erlaubt keine platten Rückschlüsse auf die Zukunft. Das wusste niemand besser als Bismarck selbst, als er aus guten Gründen (auf internationalem Parkett, nicht im eigenen Land) weg von der Konfrontations- und hin zur Bündnispolitik schwenkte. Die Militarisierung des politischen Bewusstseins in Deutschland, der Glaube, »mit Blut und Eisen« Probleme lösen zu können, war damit jedoch nicht aufzuhalten. Doch die Geschichte wiederholte sich nicht. Die zweite deutsche Einheit kam ohne Blut und Eisen, aber mit »Reden und Parlamenten«. Allerdings: Bismarck hatte in jener Rede tatsächlich auch nur von den großen Fragen der eigenen Zeit gesprochen.

Wie steht es um das innenpolitische Vermächtnis? Bismarck war kein Demokrat, anfangs bekämpfte er Liberale und Demokraten vehement, später machte er sich demokratische Vorgehensweisen zum Erreichen seiner Ziele zu eigen, ohne selbst demokratisch zu werden. Allenfalls späte Aussagen über den Sinn einer parlamentarischen Kontrolle der monarchischen Macht deuten an, dass er, wenn er in einen Jungbrunnen hätte steigen können, vielleicht eines Tages ein demokratischer Konservativer geworden wäre, der nach englischem Vorbild die Monarchie nur noch als repräsentative Veranstaltung verstanden hätte. Aber das ist natürlich Spekulation. Jedenfalls kann man sagen: In seinen alten Tagen musste Bismarck erleben, dass sich politisch aktives Monarchentum anders anfühlt, wenn der Monarch nicht auf einen hören will. Im Grunde war er jetzt da gelandet, wo seine politischen Gegner zuvor gewesen waren.

Dass Bismarck die innere Einheit nicht gelang, lässt sich angesichts der teils brutalen Methoden sagen. Allerdings zeigt ein Blick über die Grenzen, dass sich auch andere Nationen schwer damit taten. In Bismarcks Lebenszeit fallen, um nur einige Beispiele zu nennen, der grausame amerikanische Bürgerkrieg, die gleichfalls nicht ohne Blutvergießen zustande gekommene italienische Einigung, die Tage der Commune und später die Dreyfus-Affäre in Frankreich oder die russischen Pogrome. Das alles rechtfertigt natürlich nicht Bismarcks Fehler, aber es zeigt den Kontext seiner Epoche. Geblieben sind von seinem Wirken in den innenpolitischen Kämpfen zweifellos Einrichtungen wie die Zivilehe und das Sozialversicherungssystem.

Wie kaum ein anderer Politiker ist Bismarck nach seinem Tod zu einem Mythos stilisiert worden. Die Grundlage hierfür hatte er noch selbst gelegt, doch was später insbesondere nationalvölkische Kreise aus ihm machten, kann nur als Geschichtsfälschung bezeichnet werden. Man schaue sich nur einmal die martialischen Bismarck-Denkmäler jener Zeit an – und rufe sich dann Bismarcks eigenes Bild von der »Schnepfenjagd« in Erinnerung, bei der man sich »auf sumpfigem Gelände immer erst der Tragfähigkeit des nächsten Grasbüschels versichern« müsse, ehe man den nächsten Schritt tue. Er hat das im Umfeld eines Krieges gesagt. Aber auch Bismarcks unermüdliche Arbeit an seinem Bündnissystem lässt sich mit diesem Bild beschreiben.

Jeder, der sich heute – positiv oder negativ – auf Bismarck beruft, sollte sich ein Tucholsky-Zitat in Erinnerung rufen: »Wer weiß, wenn sie ihn heut regieren sähen ...«

Literatur und andere Darstellungen

Schriften und Reden Bismarcks

- Gesammelte Werke – Neue Friedrichsruher Ausgabe. Schöningh, Paderborn a. 2004 ff.
    - Abt. 3: 1871–1898. Schriften Bd. 1: 1871–1873. Paderborn a. 2004, ISBN 3-506-70130-4;
    - Abt. 3: 1871–1898. Schriften Bd. 2: 1874–1876. Paderborn a. 2005, ISBN 3-506-71350-7;
    - Abt. 3: 1871–1898. Schriften Bd. 3: 1877–1878. Paderborn a. 2008, ISBN 978-3-506-76525-3;
    - Abt. 3: 1871–1898. Schriften Bd. 4: 1879–1881. Paderborn a. 2008, ISBN 978-3-506-76526-0;
    - Abt. 3: 1871–1898. Schriften Bd. 5: 1882–1883. Paderborn a. 2010, ISBN 978-3-506-76848-3;
    - Abt. 3: 1871–1898. Schriften Bd. 6: 1884–1885. Paderborn a. 2011, ISBN 978-3-506-77171-1;
    - Abt. 3: 1871–1898. Schriften Bd. 8: 1888–1890. Paderborn a. 2014, ISBN 978-3-506-76636-6;
    - Abt. 4: Gedanken und Erinnerungen. Paderborn a. 2012, ISBN 978-3-506-77070-7.
- Gedanken und Erinnerungen. Herbig, München 2007 (1898–1919), ISBN 978-3-7766-5012-9.
    - Bd. 1. Stuttgart 1898. Digitalisat und Volltext im Deutschen Textarchiv.
    - Bd. 2. Stuttgart 1898. Digitalisat und Volltext im Deutschen Textarchiv.
- Die politischen Reden des Fürsten Bismarck. Historisch-kritische Gesamtausgabe besorgt von Horst Kohl. 14 Bände. Cotta, Stuttgart 1892–1905.
- Bismarckbriefe 1836–1872. 6., stark verm. Auflage. Hrsg. von Horst Kohl. Velhagen & Klasing, Bielefeld und Leipzig 1897.
- Gesammelte Werke. Briefe, Reden und Aktenstücke. Ges. und hrsg. von Bruno Walden. 4 Bd. Fried, Berlin 1890.

- Die politischen Berichte des Fürsten Bismarck aus Petersburg und Paris (1859–1862). Hrsg. von Ludwig Raschdau. Bd. 1: 1859–1860. Bd. 2: 1861–1862. Hobbing, Berlin 1920.
- Bismarcks Briefwechsel mit dem Minister Freiherrn von Schleinitz. 1858–1861. Cotta, Stuttgart und Berlin 1905.
- Bismarck und der Staat. Ausgewählte Dokumente. 2. Auflage. Eingeleitet von Hans Rothfels. Wiss. Buchgesellschaft, Darmstadt 1953 (1925).
- Die Ansprachen des Fürsten Bismarck 1848–1894. Hrsg. von Heinrich von Poschinger. Deutsche Verlags-Anstalt, Stuttgart a. 1895.
- Fürst Bismarcks Briefe an seine Braut und Gattin. Hrsg. von Fürst Herbert von Bismarck. Cotta, Stuttgart 1900.
- Bismarcks Briefe an seine Gattin aus dem Kriege 1870/71. Cotta, Stuttgart und Berlin 1903.
- Briefe Ottos von Bismarck an Schwester und Schwager Malwine von Arnim geb. v. Bismarck u. Oskar von Arnim-Kröchlendorff 1843–1897. Hrsg. von Horst Kohl. Dieterich, Leipzig 1915.
- Bismarck. Briefe, Berichte, Denkschriften, Erlasse, Gespräche, Reden, Verträge. Hrsg. von Karl Mielcke. Limbach, Braunschweig 1954.
- Bismarcks spanische »Diversion« 1870 und der preußisch-deutsche Reichsgründungskrieg. Quellen zur Vor- und Nachgeschichte der Hohenzollern-Kandidatur für den Thron in Madrid 1866–1932. 3 Bd. Hrsg. von Josef Becker unter Mitarbeit von Michael Schmid. Schöningh, Paderborn a. 2003–2007.
- Otto von Bismarck – Werke in Auswahl. Hrsg. von Alfred Milatz. Wissenschaftliche Buchgesellschaft, Darmstadt 1981.

Darstellungen zu Bismarcks Leben und zum Bismarck-Mythos

- Rudolf Augstein: Otto von Bismarck. Hain, Frankfurt am Main 1990, ISBN 3-445-06012-6.
- Karl Bleibtreu: Bismarck – ein Weltroman in 4 Bänden. Bismarck-Verlag, Berlin/Leipzig 1915.

- Ernst Engelberg: Bismarck. Bd. 1: Urpreuße und Reichsgründer. 3., durchges. Auflage, Akademie-Verlag, Berlin 1987, ISBN 3-05-000070-8. Bd. 2: Das Reich in der Mitte Europas. Siedler, Berlin 1990, ISBN 3-88680-385-6.
- Erich Eyck: Bismarck. Leben und Werk. 3 Bde. Rentsch, Erlenbach-Zürich, 1941–1944.
- Lothar Gall: Bismarck. Der weiße Revolutionär. 2. Auflage, Ullstein, Berlin 2002, ISBN 3-548-26515-4.
- Robert Gerwarth: The Bismarck Myth. Weimar Germany and the Legacy of the Iron Chancellor. Clarendon Press, Oxford 2005, ISBN 0-19-928184-X. Dt. Ausgabe: Der Bismarck-Mythos. Die Deutschen und der Eiserne Kanzler. Aus dem Engl. von Klaus-Dieter Schmidt. Siedler, München 2007, ISBN 978-3-88680-871-7.
- Sebastian Haffner: Otto von Bismarck. In: Ders., Wolfgang Venohr: Preußische Profile. 2. Aufl. der Neuausgabe, Econ-Ullstein-List, Berlin 2001, ISBN 3-548-26586-3, S. 141–161.
- Bernd Heidenreich, Frank-Lothar Kroll (Hrsg.): Bismarck und die Deutschen. Berliner Wissenschaftsverlag, Berlin 2005, ISBN 3-8305-0939-1.
- Eberhard Kolb: Bismarck. C.H. Beck Wissen, München 2009, ISBN 978-3-406-56276-1.
- Christian von Krockow: Bismarck. Eine Biographie. Deutsche Verlagsanstalt, Stuttgart 1997, ISBN 3-421-05080-5.
- Rolf Parr: »Zwei Seelen wohnen, ach! in meiner Brust«. Strukturen und Funktionen der Mythisierung Bismarcks (1860–1918). Fink, München 1992, ISBN 3-7705-2727-5.
- Otto Pflanze: Bismarck. Bd. 1: Der Reichsgründer,. Bd. 2: Der Reichskanzler. Beck, München 1997–1998, ISBN 3-406-42725-1 und, ISBN 3-406-42726-X.
- Rainer F. Schmidt: Bismarck. Realpolitik und Revolution. Hugendubel, München und Kreuzlingen 2006, ISBN 3-7205-2865-0 (= Focus-Edition).
- Jonathan Steinberg: Bismarck. A Life. University Press, Oxford 2011, ISBN 978-0-19-959901-1

o deutsch: Bismarck. Magier der Macht. Propyläen Verlag, Berlin 2012, ISBN 978-3-549-07416-9.

- Fritz Stern: Gold und Eisen. Bismarck und sein Bankier Bleichröder. Aus dem Engl. von Otto Weith. Rowohlt, Reinbek bei Hamburg 1988, ISBN 3-499-12379-7.
- Otto Graf zu Stolberg-Wernigerode: Otto von Bismarck. In: Neue Deutsche Biographie (NDB). Band 2, Duncker & Humblot, Berlin 1955, ISBN 3-428-00183-4, S. 268–277 (Digitalisat).
- Volker Ullrich: Otto von Bismarck. Rowohlt, Reinbek bei Hamburg 1998, ISBN 3-499-50602-5.
- Johannes Willms: Bismarck – Dämon der Deutschen. Anmerkungen zu einer Legende. Kindler, München 1997, ISBN 3-463-40296-3.
- Max Lenz: Bismarck, Otto Fürst von. In: Allgemeine Deutsche Biographie (ADB). Band 48, Duncker & Humblot, Leipzig 1904, S. 571–775.

Zur Epoche Bismarcks

- Christopher Clark: Preußen. Aufstieg und Niedergang 1600–1947. bpb, Bonn 2007, ISBN 978-3-89331-786-8 (= Schriftenreihe der Bundeszentrale für politische Bildung. Bd. 632).
- Sebastian Haffner: Von Bismarck zu Hitler: Ein Rückblick. Kindler Verlag, München 1987, ISBN 3-463-40003-0.
- Klaus Hildebrand: Das vergangene Reich. Deutsche Außenpolitik von Bismarck bis Hitler 1871–1945. DVA, Stuttgart 1995, ISBN 3-421-06691-4.
- Wilfried Loth: Das Kaiserreich. Obrigkeitsstaat und politische Mobilisierung. Dt. Taschenbuch-Verlag, München 1996, ISBN 3-423-04505-1.
- Thomas Nipperdey: Deutsche Geschichte 1800–1866. Bürgerwelt und starker Staat. 6., durchges. Auflage, Beck, München 1993, ISBN 3-406-09354-X.
- Thomas Nipperdey: Deutsche Geschichte 1866–1918. Bd. 1: Arbeitswelt und Bürgerstaat. 3., durchges. Auflage, Beck, München 1993, ISBN 3-406-34453-4. Bd. 2: Machtstaat vor der

Demokratie. 3., durchges. Auflage, Beck, München 1995, ISBN 3-406-34801-7.

- Hans-Ulrich Wehler: Deutsche Gesellschaftsgeschichte. Bd. 3: Von der »Deutschen Doppelrevolution« bis zum Beginn des Ersten Weltkrieges. 1849–1914. Beck, München 1995, ISBN 3-406-32263-8.
- Heinrich August Winkler: Der lange Weg nach Westen. Deutsche Geschichte 1806–1933. bpb, Bonn 2002, ISBN 3-89331-463-6 (= Schriftenreihe der Bundeszentrale für politische Bildung, Bd. 385).

Filme

- Bismarck. Spielfilm, Deutschland 1913. Regie: William Wauer, Gustav Trautschold, Richard Schott. Mit Franz Ludwig in der Rolle Bismarcks.
- Bismarck 1862–1898. Spielfilm, Deutschland 1927. Regie: Curt Blachnitzky.
- Bismarck. Spielfilm, Deutschland 1940. Regie: Wolfgang Liebeneiner.
- Die Entlassung. Spielfilm, Deutschland 1942. Regie: Wolfgang Liebeneiner.
- »Preußen über alles ...«. Fernsehspielfilm (ZDF) über B. und die deutsche Reichsgründung, BR Deutschland 1971. Regie: Rudolf Jugert. (Eintrag auf IMDB)
- Bebel und Bismarck. TV-Fernsehspielfilm, DDR 1987. Regie: Wolf-Dieter Panse. Mit Wolfgang Dehler in der Rolle Bismarcks.
- Bismarck. Fernsehspiel in drei Teilen. Teil 1: Ich bin ein Preuße. Teil 2: Eisen und Blut. Teil 3: Virtuose der Macht. BR Deutschland 1989/1990. Regie: Tom Tölle.
- Bismarck – Kanzler und Dämon. Fernseh-Doku-Drama in zwei Teilen. Teil 1: Vom Landjunker zum Reichsgründer. Teil 2: Regierungsgewalt und Machtverlust. Deutschland 2007. Buch und Regie: Christoph Weinert.
- Die Deutschen – Bismarck und das Deutsche Reich, Folge 9 der Fernseh-Doku-Reihe (ZDF), Deutschland 2008.

Nützliche Irrtümer – Von Kopernikus bis zum Kartoffelchip

Dirk Müller

Aus dem Inhalt:

Was Genies und Regenwürmer gemeinsam haben

Fehler? Wie lecker! – Kartoffelchips und Blumenkohl

Im Wein ist Irrtum

Kopernikus oder: eine rundere Rundung

Nur relativ richtige Annahmen: Relativitätstheorie

Kandinsky oder: der richtige falsche Blick

Amerika entdecken mit Aristoteles

El Dorado

Kreative Missverständnisse in der Literatur

Schlamperei rettet Millionen das Leben

Können falsche Prophezeiungen nützlich sein?

Leserstimmen:

"Ist genau die richtige Lektüre für eine längere Zugfahrt."

„Das Lesen hat sehr viel Spaß gemacht; ich werde das Buch weiterempfehlen."

"Das Buch selbst ist kein Irrtum, ich habe es gerne gelesen."